CHINEES

WOORDENSCHAT

THEMATISCHE WOORDENLIJST

NEDERLANDS CHINEES

De meest bruikbare woorden
Om uw woordenschat uit te breiden en
uw taalvaardigheid aan te scherpen

7000 woorden

Thematische woordenschat Nederlands-Chinees - 7000 woorden

Door Andrey Taranov

Woordenlijsten van T&P Books zijn bedoeld om u woorden van een vreemde taal te helpen leren, onthouden, en bestudering. Dit woordenboek is ingedeeld in thema's en behandelt alle belangrijk terreinen van het dagelijkse leven, bedrijven, wetenschap, cultuur, etc.

Het proces van het leren van woorden met behulp van de op thema's gebaseerde aanpak van T&P Books biedt u de volgende voordelen:

- Correct gegroepeerde informatie is bepalend voor succes bij opeenvolgende stadia van het leren van woorden
- De beschikbaarheid van woorden die van dezelfde stam zijn maakt het mogelijk om woordgroepen te onthouden (in plaats van losse woorden)
- Kleine groepen van woorden faciliteren het proces van het aanmaken van associatieve verbindingen, die nodig zijn bij het consolideren van de woordenschat
- Het niveau van talenkennis kan worden ingeschat door het aantal geleerde woorden

T&P Books Publishing
www.tpbooks.com

ISBN: 978-1-78492-311-2

Dit boek is ook beschikbaar in e-boek formaat.
Gelieve www.tpbooks.com te bezoeken of de belangrijkste online boekwinkels.

CHINESE WOORDENSCHAT
nieuwe woorden leren

T&P Books woordenlijsten zijn bedoeld om u te helpen vreemde woorden te leren, te onthouden, en te bestuderen. De woordenschat bevat meer dan 7000 veel gebruikte woorden die thematisch geordend zijn.

- De woordenlijst bevat de meest gebruikte woorden
- Aanbevolen als aanvulling bij welke taalcursus dan ook
- Voldoet aan de behoeften van de beginnende en gevorderde student in vreemde talen
- Geschikt voor dagelijks gebruik, bestudering en zelftestactiviteiten
- Maakt het mogelijk om uw woordenschat te evalueren

Bijzondere kenmerken van de woordenschat

- De woorden zijn gerangschikt naar hun betekenis, niet volgens alfabet
- De woorden worden weergegeven in drie kolommen om bestudering en zelftesten te vergemakkelijken
- Woorden in groepen worden verdeeld in kleine blokken om het leerproces te vergemakkelijken
- De woordenschat biedt een handige en eenvoudige beschrijving van elk buitenlands woord

De woordenschat bevat 198 onderwerpen zoals:

Basisconcepten, getallen, kleuren, maanden, seizoenen, meeteenheden, kleding en accessoires, eten & voeding, restaurant, familieleden, verwanten, karakter, gevoelens, emoties, ziekten, stad, dorp, bezienswaardigheden, winkelen, geld, huis, thuis, kantoor, werken op kantoor, import & export, marketing, werk zoeken, sport, onderwijs, computer, internet, gereedschap, natuur, landen, nationaliteiten en meer ...

INHOUDSOPGAVE

UITSPRAAKGIDS

Letter	Chinees voorbeeld	T&P fonetisch alfabet	Nederlands voorbeeld
a	tóufa	[a]	acht
ai	hǎi	[aɪ]	byte, majoor
an	bèipàn	[an]	ander, panamahoed
ang	pīncháng	[õ]	nasale [a]
ao	gǎnmào	[aʊ]	blauw
b	Bànfǎ	[p]	parallel, koper
c	cǎo	[tsh]	handschoenen
ch	chē	[ʧh]	aspiraat ch
d	dīdá	[t]	tomaat, taart
e	dēngjì	[ɛ]	elf, zwembad
ei	běihǎi	[eɪ]	Azerbeidzjan
en	xúnwèn	[ə]	formule, wachten
eng	bēngkuì	[ə̃]	nasale [e]
er	érzi	[ɛr]	opmerken, sterk
f	fǎyuàn	[f]	feestdag, informeren
g	gōnglǜ	[k]	kennen, kleur
h	hǎitún	[h]	het, herhalen
i	fēijī	[iː]	team, portier
ia	jiā	[jɑ]	januari, jaar
ian	kànjiàn	[jʌn]	januari
ie	jiéyuē	[je]	project, yen
in	cónglín	[iːn]	zestien, tiende
j	jīqì	[ʨ]	ongeveer 'tjie'
k	kuàilè	[kh]	deukhoed, Stockholm
l	lúnzi	[l]	delen, luchter
m	hémǎ	[m]	morgen, etmaal
n	nǐ hǎo	[n]	nemen, zonder
o	yībō	[ɔ]	aankomst, bot
ong	chénggōng	[ũ]	nasale [u]
ou	běiměizhōu	[ɔʊ]	snowboard,
p	pào	[ph]	ophouden, ophangen
q	qiáo	[ʨh]	ongeveer 'tsjie'
r	rè	[ʒ]	journalist, rouge
s	sàipǎo	[s]	spreken, kosten
sh	shāsī	[ʃ]	komt dichtbij [ch] - shampoo, machine
t	tūrán	[th]	luchthaven, stadhuis
u	dáfù	[u], [ʊ]	hoed, rood
ua	chuán	[ua]	trottoir, douane
un	yúchǔn	[uːn], [ʊn]	zoon, telefoon
ü	lǚxíng	[y]	fuut, uur
ün	shēnyùn	[jun]	juni, adjunct

Letter	Chinees voorbeeld	T&P fonetisch alfabet	Nederlands voorbeeld
uo	zuòwèi	[uɔ]	combinatie van klanken [u] en [o]
w	wùzhì	[w]	twee, willen
x	xiǎo	[ɕ]	Chicago, jasje
z	zérèn	[ts]	niets, plaats
zh	zhǎo	[dʒ]	jeans, jungle

Opmerkingen

Eerste toon (hoog niveau toon) In de eerste toon blijft de toonhoogte van uw stem constant en enigszins hoog door de lettergreep. Voorbeeld - mā Tweede toon (omhoog gaande toon)
In de tweede toon, gaat de toonhoogte van uw stem licht omhoog tijdens het uitspreken van de lettergreep. Voorbeeld - má Derde toon (laag-vallend-omhoog gaande toon)
In de derde toon, gaat de toonhoogte van uw stem omlaag, en gaat dan weer omhoog in dezelfde lettergreep. Voorbeeld - mǎ Vierde toon (dalende toon)
In de vierde toon, de toonhoogte van uw stem gaat scherp naar beneden tijdens de lettergreep. Voorbeeld - mà vijfde toon (neutrale toon)
In de neutrale toon, hangt de toonhoogte van uw stem af van het woord dat u zegt, maar is normaal gesproken gezegd korter en zachter dan de andere lettergrepen. Voorbeeld - ma

AFKORTINGEN
gebruikt in de woordenschat

Nederlandse afkortingen

mann.	-	mannelijk
vrouw.	-	vrouwelijk
mv.	-	meervoud
on.ww.	-	onovergankelijk werkwoord
ov.ww.	-	overgankelijk werkwoord
bn	-	bijvoeglijk naamwoord
bw	-	bijwoord
abn	-	als bijvoeglijk naamwoord
bijv.	-	bijvoorbeeld
enz.	-	enzovoort
wisk.	-	wiskunde
enk.	-	enkelvoud
ov.	-	over
mil.	-	militair
vn	-	voornaamwoord
telb.	-	telbaar
form.	-	formele taal
ontelb.	-	ontelbaar
inform.	-	informele taal
vw	-	voegwoord
vz	-	voorzetsel
ww	-	werkwoord

Nederlandse artikelen

de	-	gemeenschappelijk geslacht
het	-	onzijdig
de/het	-	onzijdig, gemeenschappelijk geslacht

BASISBEGRIPPEN

Basisbegrippen Deel 1

1. Voornaamwoorden

ik	我	wǒ
jij, je	你	nǐ
hij	他	tā
zij, ze	她	tā
het	它	tā
wij, we	我们	wǒ men
jullie	你们	nǐ men
zij, ze (mann.)	他们	tā men

2. Begroetingen. Begroetingen. Afscheid

Hallo! Dag!	你好!	nǐ hǎo!
Hallo!	你们好!	nǐmen hǎo!
Goedemorgen!	早上好!	zǎo shàng hǎo!
Goedemiddag!	午安!	wǔ ān!
Goedenavond!	晚上好!	wǎn shàng hǎo!
gedag zeggen (groeten)	问好	wèn hǎo
Hoi!	你好!	nǐ hǎo!
groeten (het)	问候	wèn hòu
verwelkomen (ww)	欢迎	huān yíng
Hoe gaat het?	你好吗?	nǐ hǎo ma?
Is er nog nieuws?	有 什么 新 消息?	yǒu shénme xīn xiāoxi?
Dag! Tot ziens!	再见!	zài jiàn!
Tot snel! Tot ziens!	回头见!	huí tóu jiàn!
Vaarwel!	再见!	zài jiàn!
afscheid nemen (ww)	说再见	shuō zài jiàn
Tot kijk!	回头见!	huí tóu jiàn!
Dank u!	谢谢!	xièxie!
Dank u wel!	多谢!	duō xiè!
Graag gedaan	不客气	bù kè qi
Geen dank!	不用谢谢!	bùyòng xièxie!
Geen moeite.	没什么	méi shén me
Excuseer me, ...	请原谅	qǐng yuán liàng
zich verontschuldigen	道歉	dào qiàn
Mijn excuses.	我道歉	wǒ dào qiàn

Het spijt me!	对不起!	duì bu qǐ!
vergeven (ww)	原谅	yuán liàng
alsjeblieft	请	qǐng

Vergeet het niet!	别忘了!	bié wàng le!
Natuurlijk!	当然!	dāng rán!
Natuurlijk niet!	当然不是!	dāng rán bù shi!
Akkoord!	同意!	tóng yì!
Zo is het genoeg!	够了!	gòu le!

3. Kardinale getallen. Deel 1

nul	零	líng
een	一	yī
twee	二	èr
drie	三	sān
vier	四	sì

vijf	五	wǔ
zes	六	liù
zeven	七	qī
acht	八	bā
negen	九	jiǔ

tien	十	shí
elf	十一	shí yī
twaalf	十二	shí èr
dertien	十三	shí sān
veertien	十四	shí sì

vijftien	十五	shí wǔ
zestien	十六	shí liù
zeventien	十七	shí qī
achttien	十八	shí bā
negentien	十九	shí jiǔ

twintig	二十	èrshí
eenentwintig	二十一	èrshí yī
tweeëntwintig	二十二	èrshí èr
drieëntwintig	二十三	èrshí sān

dertig	三十	sānshí
eenendertig	三十一	sānshí yī
tweeëndertig	三十二	sānshí èr
drieëndertig	三十三	sānshí sān

veertig	四十	sìshí
eenenveertig	四十一	sìshí yī
tweeënveertig	四十二	sìshí èr
drieënveertig	四十三	sìshí sān

vijftig	五十	wǔshí
eenenvijftig	五十一	wǔshí yī
tweeënvijftig	五十二	wǔshí èr

drieënvijftig	五十三	wǔshí sān
zestig	六十	liùshí
eenenzestig	六十一	liùshí yī
tweeënzestig	六十二	liùshí èr
drieënzestig	六十三	liùshí sān
zeventig	七十	qīshí
eenenzeventig	七十一	qīshí yī
tweeënzeventig	七十二	qīshí èr
drieënzeventig	七十三	qīshí sān
tachtig	八十	bāshí
eenentachtig	八十一	bāshí yī
tweeëntachtig	八十二	bāshí èr
drieëntachtig	八十三	bāshí sān
negentig	九十	jiǔshí
eenennegentig	九十一	jiǔshí yī
tweeënnegentig	九十二	jiǔshí èr
drieënnegentig	九十三	jiǔshí sān

4. Kardinale getallen. Deel 2

honderd	一百	yī bǎi
tweehonderd	两百	liǎng bǎi
driehonderd	三百	sān bǎi
vierhonderd	四百	sì bǎi
vijfhonderd	五百	wǔ bǎi
zeshonderd	六百	liù bǎi
zevenhonderd	七百	qī bǎi
achthonderd	八百	bā bǎi
negenhonderd	九百	jiǔ bǎi
duizend	一千	yī qiān
tweeduizend	两千	liǎng qiān
drieduizend	三千	sān qiān
tienduizend	一万	yī wàn
honderdduizend	十万	shí wàn
miljoen (het)	百万	bǎi wàn
miljard (het)	十亿	shíyì

5. Getallen. Breuken

breukgetal (het)	分数	fēnshù
half	二分之一	èrfēn zhīyī
een derde	三分之一	sānfēn zhīyī
kwart	四分之一	sìfēn zhīyī
een achtste	八分之一	bāfēn zhīyī
een tiende	十分之一	shífēn zhīyī
twee derde	三分之二	sānfēn zhīèr
driekwart	四分之三	sìfēn zhīsān

6. Getallen. Eenvoudige berekeningen

aftrekking (de)	减法	jiǎn fǎ
aftrekken (ww)	减, 减去	jiǎn, jiǎn qù
deling (de)	除法	chú fǎ
delen (ww)	除	chú
optelling (de)	加法	jiā fǎ
erbij optellen	加	jiā
(bij elkaar voegen)		
optellen (ww)	加	jiā
vermenigvuldiging (de)	乘法	chéng fǎ
vermenigvuldigen (ww)	乘	chéng

7. Getallen. Diversen

cijfer (het)	数字	shù zì
nummer (het)	数	shù
telwoord (het)	数词	shù cí
minteken (het)	负号	fù hào
plusteken (het)	正号	zhèng hào
formule (de)	公式	gōng shì
berekening (de)	计算	jì suàn
tellen (ww)	计算	jì suàn
bijrekenen (ww)	结算	jié suàn
vergelijken (ww)	比较	bǐ jiào
Hoeveel?	多少?	duōshao?
som (de), totaal (het)	和	hé
uitkomst (de)	结果	jié guǒ
rest (de)	余数	yú shù
enkele (bijv. ~ minuten)	几个	jǐ gè
weinig (bw)	不多	bù duō
restant (het)	剩下的	shèng xià de
anderhalf	一个半	yī gè bàn
dozijn (het)	一打	yī dá
middendoor (bw)	成两半	chéng liǎng bàn
even (bw)	平均地	píng jūn de
helft (de)	一半	yī bàn
keer (de)	次	cì

8. De belangrijkste werkwoorden. Deel 1

aanbevelen (ww)	推荐	tuī jiàn
aandringen (ww)	坚持	jiān chí
aankomen (per auto, enz.)	来到	lái dào
aanraken (ww)	摸	mō
adviseren (ww)	建议	jià nyì

afdalen (on.ww.)	下来	xià lai
afslaan (naar rechts ~)	转弯	zhuǎn wān
antwoorden (ww)	回答	huí dá
bang zijn (ww)	害怕	hài pà
bedreigen (bijv. met een pistool)	威胁	wēi xié

bedriegen (ww)	骗	piàn
beëindigen (ww)	结束	jié shù
beginnen (ww)	开始	kāi shǐ
begrijpen (ww)	明白	míng bai
beheren (managen)	管理	guǎn lǐ

beledigen (met scheldwoorden)	侮辱	wǔ rǔ
beloven (ww)	承诺	chéng nuò
bereiden (koken)	做饭	zuò fàn
bespreken (spreken over)	讨论	tǎo lùn

bestellen (eten ~)	订	dìng
bestraffen (een stout kind ~)	惩罚	chéng fá
betalen (ww)	付，支付	fù, zhī fù
betekenen (beduiden)	表示	biǎo shì
betreuren (ww)	后悔	hòu huǐ

bevallen (prettig vinden)	喜欢	xǐ huan
bevelen (mil.)	命令	mìng lìng
bevrijden (stad, enz.)	解放	jiě fàng
bewaren (ww)	保存	bǎo cún
bezitten (ww)	拥有	yōng yǒu

bidden (praten met God)	祈祷	qí dǎo
binnengaan (een kamer ~)	进来	jìn lái
breken (ww)	打破	dǎ pò
controleren (ww)	控制	kòng zhì
creëren (ww)	创造	chuàng zào

deelnemen (ww)	参与	cān yù
denken (ww)	想	xiǎng
doden (ww)	杀死	shā sǐ
doen (ww)	做	zuò
dorst hebben (ww)	渴	kě

9. De belangrijkste werkwoorden. Deel 2

een hint geven	暗示	àn shì
eisen (met klem vragen)	要求	yāo qiú
existeren (bestaan)	存在	cún zài
gaan (te voet)	走	zǒu

gaan zitten (ww)	坐下	zuò xia
gaan zwemmen	去游泳	qù yóu yǒng
geven (ww)	给	gěi
glimlachen (ww)	微笑	wēi xiào

goed raden (ww)	猜中	cāi zhòng
grappen maken (ww)	开玩笑	kāi wán xiào
graven (ww)	挖	wā
hebben (ww)	有	yǒu
helpen (ww)	帮助	bāng zhù
herhalen (opnieuw zeggen)	重复	chóng fù
honger hebben (ww)	饿	è
hopen (ww)	希望	xī wàng
horen (waarnemen met het oor)	听见	tīng jiàn
huilen (wenen)	哭	kū
huren (huis, kamer)	租房	zū fáng
informeren (informatie geven)	通知	tōng zhī
instemmen (akkoord gaan)	同意	tóng yì
jagen (ww)	打猎	dǎ liè
kennen (kennis hebben van iemand)	认识	rèn shi
kiezen (ww)	选	xuǎn
klagen (ww)	抱怨	bào yuàn
kosten (ww)	价钱为	jià qian wèi
kunnen (ww)	能	néng
lachen (ww)	笑	xiào
laten vallen (ww)	掉	diào
lezen (ww)	读	dú
liefhebben (ww)	爱	ài
lunchen (ww)	吃午饭	chī wǔ fàn
nemen (ww)	拿	ná
nodig zijn (ww)	需要	xū yào

10. De belangrijkste werkwoorden. Deel 3

onderschatten (ww)	轻视	qīng shì
ondertekenen (ww)	签名	qiān míng
ontbijten (ww)	吃早饭	chī zǎo fàn
openen (ww)	开	kāi
ophouden (ww)	停止	tíng zhǐ
opmerken (zien)	注意到	zhù yì dào
opscheppen (ww)	自夸	zì kuā
opschrijven (ww)	记录	jì lù
plannen (ww)	计划	jì huà
prefereren (verkiezen)	宁愿	nìng yuàn
proberen (trachten)	试图	shì tú
redden (ww)	救出	jiù chū
rekenen op ...	指望	zhǐ wàng
rennen (ww)	跑	pǎo
reserveren (een hotelkamer ~)	预订	yù dìng

roepen (om hulp)	呼	hū
schieten (ww)	射击	shè jī
schreeuwen (ww)	叫喊	jiào hǎn

schrijven (ww)	写	xiě
souperen (ww)	吃晚饭	chī wǎn fàn
spelen (kinderen)	玩	wán
spreken (ww)	说	shuō
stelen (ww)	偷窃	tōu qiè
stoppen (pauzeren)	停	tíng

studeren (Nederlands ~)	学习	xué xí
sturen (zenden)	寄	jì
tellen (optellen)	计算	jì suàn
toebehoren …	属于	shǔ yú
toestaan (ww)	允许	yǔn xǔ
tonen (ww)	展示	zhǎn shì

twijfelen (onzeker zijn)	怀疑	huái yí
uitgaan (ww)	走出去	zǒu chū qù
uitnodigen (ww)	邀请	yāo qǐng
uitspreken (ww)	发音	fā yīn
uitvaren tegen (ww)	责骂	zé mà

11. De belangrijkste werkwoorden. Deel 4

vallen (ww)	跌倒	diē dǎo
vangen (ww)	抓住	zhuā zhù
veranderen (anders maken)	改变	gǎi biàn
verbaasd zijn (ww)	吃惊	chī jīng
verbergen (ww)	藏	cáng

verdedigen (je land ~)	保卫	bǎo wèi
verenigen (ww)	联合	lián hé
vergelijken (ww)	比较	bǐ jiào
vergeten (ww)	忘	wàng
vergeven (ww)	原谅	yuán liàng

verklaren (uitleggen)	说明	shuō míng
verkopen (per stuk ~)	卖	mài
vermelden (praten over)	提到	tí dào
versieren (decoreren)	装饰	zhuāng shì
vertalen (ww)	翻译	fān yì

vertrouwen (ww)	信任	xìn rèn
vervolgen (ww)	继续	jì xù
verwarren (met elkaar ~)	混淆	hùn xiáo
verzoeken (ww)	请求	qǐng qiú
verzuimen (school, enz.)	错过	cuò guò

vinden (ww)	找到	zhǎo dào
vliegen (ww)	飞	fēi
volgen (ww)	跟随	gēn suí
voorstellen (ww)	提议	tí yì

| voorzien (verwachten) | 预见 | yù jiàn |
| vragen (ww) | 问 | wèn |

waarnemen (ww)	观察	guān chá
waarschuwen (ww)	警告	jǐng gào
wachten (ww)	等	děng
weerspreken (ww)	反对	fǎn duì
weigeren (ww)	拒绝	jù jué

werken (ww)	工作	gōng zuò
weten (ww)	知道	zhī dào
willen (verlangen)	想，想要	xiǎng, xiǎng yào
zeggen (ww)	说	shuō
zich haasten (ww)	赶紧	gǎn jǐn

zich interesseren voor ...	对 … 感兴趣	duì ... gǎn xìng qù
zich vergissen (ww)	犯错	fàn cuò
zich verontschuldigen	道歉	dào qiàn
zien (ww)	见，看见	jiàn, kàn jiàn

zijn (ww)	当	dāng
zoeken (ww)	寻找	xún zhǎo
zwemmen (ww)	游泳	yóuyǒng
zwijgen (ww)	沉默	chén mò

12. Kleuren

kleur (de)	颜色	yán sè
tint (de)	色调	sè diào
kleurnuance (de)	色调	sè diào
regenboog (de)	彩虹	cǎi hóng

wit (bn)	白的	bái de
zwart (bn)	黑色的	hēi sè de
grijs (bn)	灰色的	huī sè de

groen (bn)	绿色的	lǜ sè de
geel (bn)	黄色的	huáng sè de
rood (bn)	红色的	hóng sè de

blauw (bn)	蓝色的	lán sè
lichtblauw (bn)	天蓝色的	tiānlán sè
roze (bn)	粉红色的	fěnhóng sè
oranje (bn)	橙色的	chéng sè de
violet (bn)	紫色的	zǐ sè de
bruin (bn)	棕色的	zōng sè de

| goud (bn) | 金色的 | jīn sè de |
| zilverkleurig (bn) | 银白色的 | yín bái sè de |

beige (bn)	浅棕色的	qiǎn zōng sè de
roomkleurig (bn)	奶油色的	nǎi yóu sè de
turkoois (bn)	青绿色的	qīng lǜ sè de
kersrood (bn)	樱桃色的	yīng táo sè de

| lila (bn) | 淡紫色的 | dànzǐ sè de |
| karmijnrood (bn) | 深红色的 | shēn hóng sè de |

licht (bn)	淡色的	dàn sè de
donker (bn)	深色的	shēn sè de
fel (bn)	鲜艳的	xiān yàn de

kleur-, kleurig (bn)	有色的	yǒu sè de
kleuren- (abn)	彩色的	cǎi sè de
zwart-wit (bn)	黑白色的	hēi bái sè de
eenkleurig (bn)	单色的	dān sè de
veelkleurig (bn)	杂色的	zá sè de

13. Vragen

Wie?	谁?	shéi?
Wat?	什么?	shén me?
Waar?	在哪儿?	zài nǎr?
Waarheen?	到哪儿?	dào nǎr?
Waar ... vandaan?	从哪儿来?	cóng nǎr lái?
Wanneer?	什么时候?	shénme shíhou?
Waarom?	为了什么目的?	wèile shénme mùdì?
Waarom?	为什么?	wèi shénme?

Waarvoor dan ook?	为了什么目的?	wèile shénme mùdì?
Hoe?	如何?	rú hé?
Welk?	哪个?	nǎ ge?

Aan wie?	给谁?	gěi shéi?
Over wie?	关于谁?	guān yú shéi?
Waarover?	关于什么?	guān yú shénme?
Met wie?	跟谁?	gēns héi?

| Hoeveel? | 多少? | duōshao? |
| Van wie? | 谁的? | shéi de? |

14. Functiewoorden. Bijwoorden. Deel 1

Waar?	在哪儿?	zài nǎr?
hier (bw)	在这儿	zài zhèr
daar (bw)	那儿	nàr

| ergens (bw) | 某处 | mǒu chù |
| nergens (bw) | 无处 | wú chù |

| bij ... (in de buurt) | 在 ··· 旁边 | zài ... páng biān |
| bij het raam | 在窗户旁边 | zài chuānghu páng biān |

Waarheen?	到哪儿?	dào nǎr?
hierheen (bw)	到这儿	dào zhèr
daarheen (bw)	往那边	wǎng nà bian
hiervandaan (bw)	从这里	cóng zhè lǐ

daarvandaan (bw)	从那里	cóng nà lǐ
dichtbij (bw)	附近	fù jìn
ver (bw)	远	yuǎn

in de buurt (van …)	在 ⋯ 附近	zài … fù jìn
vlakbij (bw)	在附近，在近处	zài fù jìn, zài jìn chǔ
niet ver (bw)	不远	bù yuǎn

linker (bn)	左边的	zuǒ bian de
links (bw)	在左边	zài zuǒ bian
linksaf, naar links (bw)	往左	wàng zuǒ

rechter (bn)	右边的	yòu bian de
rechts (bw)	在右边	zài yòu bian
rechtsaf, naar rechts (bw)	往右	wàng yòu

vooraan (bw)	在前面	zài qián miàn
voorste (bn)	前 ⋯ ，前面的	qián …, qián miàn de
vooruit (bw)	先走	xiān zǒu

achter (bw)	在后面	zài hòu miàn
van achteren (bw)	从后面	cóng hòu miàn
achteruit (naar achteren)	往后	wàng hòu

midden (het)	中间	zhōng jiān
in het midden (bw)	在中间	zài zhōng jiān

opzij (bw)	在一边	zài yī biān
overal (bw)	到处	dào chù
omheen (bw)	周围	zhōu wéi

binnenuit (bw)	从里面	cóng lǐ miàn
naar ergens (bw)	往某处	wàng mǒu chù
rechtdoor (bw)	径直地	jìng zhí de
terug (bijv. ~ komen)	往后	wàng hòu

ergens vandaan (bw)	从任何地方	cóng rèn hé de fāng
ergens vandaan (en dit geld moet ~ komen)	从某处	cóng mǒu chù

ten eerste (bw)	第一	dì yī
ten tweede (bw)	第二	dì èr
ten derde (bw)	第三	dì sān

plotseling (bw)	忽然	hū rán
in het begin (bw)	最初	zuì chū
voor de eerste keer (bw)	初次	chū cì
lang voor … (bw)	⋯ 之前很久	… zhī qián hěn jiǔ
opnieuw (bw)	重新	chóng xīn
voor eeuwig (bw)	永远	yǒng yuǎn

nooit (bw)	从未	cóng wèi
weer (bw)	再	zài
nu (bw)	目前	mù qián
vaak (bw)	经常	jīng cháng
toen (bw)	当时	dāng shí

| urgent (bw) | 紧急地 | jǐn jí de |
| meestal (bw) | 通常 | tōng cháng |

| trouwens, ... (tussen haakjes) | 顺便 | shùn biàn |

mogelijk (bw)	可能	kě néng
waarschijnlijk (bw)	大概	dà gài
misschien (bw)	可能	kě néng
trouwens (bw)	再说 ···	zài shuō ...
daarom ...	所以 ···	suǒ yǐ ...
in weerwil van ...	尽管 ···	jǐn guǎn ...
dankzij ...	由于 ···	yóu yú ...

wat (vn)	什么	shén me
iets (vn)	某物	mǒu wù
iets	任何事	rèn hé shì
niets (vn)	毫不，决不	háo bù, jué bù

wie (~ is daar?)	谁	shéi
iemand (een onbekende)	有人	yǒu rén
iemand (een bepaald persoon)	某人	mǒu rén

niemand (vn)	无人	wú rén
nergens (bw)	哪里都不	nǎ lǐ dōu bù
niemands (bn)	无人的	wú rén de
iemands (bn)	某人的	mǒu rén de

zo (Ik ben ~ blij)	这么	zhè me
ook (evenals)	也	yě
alsook (eveneens)	也	yě

15. Functiewoorden. Bijwoorden. Deel 2

Waarom?	为什么?	wèi shénme?
om een bepaalde reden	由于某种原因	yóu yú mǒu zhǒng yuán yīn
omdat ...	因为 ···	yīn wèi ...
voor een bepaald doel	不知为什么	bùzhī wèi shénme

en (vw)	和	hé
of (vw)	或者，还是	huò zhě, hái shì
maar (vw)	但	dàn
voor (vz)	为	wèi

te (~ veel mensen)	太	tài
alleen (bw)	只	zhǐ
precies (bw)	精确地	jīng què de
ongeveer (~ 10 kg)	大约	dà yuē

omstreeks (bw)	大概	dà gài
bij benadering (bn)	大概的	dà gài de
bijna (bw)	差不多	chà bu duō
rest (de)	剩下的	shèng xià de
elk (bn)	每个的	měi gè de

om het even welk	任何	rèn hé
veel (grote hoeveelheid)	许多	xǔ duō
veel mensen	很多人	hěn duō rén
iedereen (alle personen)	都	dōu
in ruil voor ...	作为交换	zuò wéi jiāo huàn
in ruil (bw)	作为交换	zuò wéi jiāo huàn
met de hand (bw)	手工	shǒu gōng
onwaarschijnlijk (bw)	几乎不	jī hū bù
waarschijnlijk (bw)	可能	kě néng
met opzet (bw)	故意	gù yì
toevallig (bw)	偶然的	ǒu rán de
zeer (bw)	很	hěn
bijvoorbeeld (bw)	例如	lì rú
tussen (~ twee steden)	之间	zhī jiān
tussen (te midden van)	在 ··· 中	zài ... zhōng
zoveel (bw)	这么多	zhè me duō
vooral (bw)	特别	tè bié

Basisbegrippen Deel 2

16. Dagen van de week

maandag (de)	星期一	xīng qī yī
dinsdag (de)	星期二	xīng qī èr
woensdag (de)	星期三	xīng qī sān
donderdag (de)	星期四	xīng qī sì
vrijdag (de)	星期五	xīng qī wǔ
zaterdag (de)	星期六	xīng qī liù
zondag (de)	星期天	xīng qī tiān
vandaag (bw)	今天	jīn tiān
morgen (bw)	明天	míng tiān
overmorgen (bw)	后天	hòu tiān
gisteren (bw)	昨天	zuó tiān
eergisteren (bw)	前天	qián tiān
dag (de)	白天	bái tiān
werkdag (de)	工作日	gōng zuò rì
feestdag (de)	节日	jié rì
verlofdag (de)	休假日	xiū jià rì
weekend (het)	周末	zhōu mò
de hele dag (bw)	一整天	yī zhěng tiān
de volgende dag (bw)	次日	cì rì
twee dagen geleden	两天前	liǎng tiān qián
aan de vooravond (bw)	前一天	qián yī tiān
dag-, dagelijks (bn)	每天的	měi tiān de
elke dag (bw)	每天地	měi tiān de
week (de)	星期	xīng qī
vorige week (bw)	上星期	shàng xīng qī
volgende week (bw)	次周	cì zhōu
wekelijks (bn)	每周的	měi zhōu de
elke week (bw)	每周	měi zhōu
twee keer per week	一周两次	yīzhōu liǎngcì
elke dinsdag	每个星期二	měi gè xīng qī èr

17. Uren. Dag en nacht

morgen (de)	早晨	zǎo chén
's morgens (bw)	在上午	zài shàng wǔ
middag (de)	中午	zhōng wǔ
's middags (bw)	在下午	zài xià wǔ
avond (de)	晚间	wǎn jiān
's avonds (bw)	在晚上	zài wǎn shang

nacht (de)	夜晚	yè wǎn
's nachts (bw)	夜间	yè jiān
middernacht (de)	午夜	wǔ yè

seconde (de)	秒	miǎo
minuut (de)	分钟	fēn zhōng
uur (het)	小时	xiǎo shí
halfuur (het)	半小时	bàn xiǎo shí
kwartier (het)	一刻钟	yī kè zhōng
vijftien minuten	十五分钟	shíwǔ fēn zhōng
etmaal (het)	昼夜	zhòuyè

zonsopgang (de)	日出	rì chū
dageraad (de)	黎明	lí míng
vroege morgen (de)	清晨	qīng chén
zonsondergang (de)	日落	rì luò

's morgens vroeg (bw)	一大早地	yī dà zǎo de
vanmorgen (bw)	今天早上	jīntiān zǎo shang
morgenochtend (bw)	明天早上	míngtiān zǎo shang

vanmiddag (bw)	今天下午	jīntiān xià wǔ
's middags (bw)	在下午	zài xià wǔ
morgenmiddag (bw)	明天下午	míngtiān xià wǔ

| vanavond (bw) | 今晚 | jīn wǎn |
| morgenavond (bw) | 明天晚上 | míngtiān wǎn shang |

ongeveer vier uur	快到四点钟了	kuài dào sì diǎnzhōng le
tegen twaalf uur	十二点钟	shí èr diǎnzhōng
over twintig minuten	二十分钟 以后	èrshí fēnzhōng yǐhòu
over een uur	在一个小时	zài yī gè xiǎo shí
op tijd (bw)	按时	àn shí

kwart voor ...	差一刻	chà yī kè
binnen een uur	一小时内	yī xiǎo shí nèi
elk kwartier	每个十五分钟	měi gè shíwǔ fēnzhōng
de klok rond	日夜	rì yè

18. Maanden. Seizoenen

januari (de)	一月	yī yuè
februari (de)	二月	èr yuè
maart (de)	三月	sān yuè
april (de)	四月	sì yuè
mei (de)	五月	wǔ yuè
juni (de)	六月	liù yuè

juli (de)	七月	qī yuè
augustus (de)	八月	bā yuè
september (de)	九月	jiǔ yuè
oktober (de)	十月	shí yuè
november (de)	十一月	shí yī yuè
december (de)	十二月	shí èr yuè

lente (de)	春季, 春天	chūn jì
in de lente (bw)	在春季	zài chūn jì
lente- (abn)	春天的	chūn tiān de
zomer (de)	夏天	xià tiān
in de zomer (bw)	在夏天	zài xià tiān
zomer-, zomers (bn)	夏天的	xià tiān de
herfst (de)	秋天	qiū tiān
in de herfst (bw)	在秋季	zài qiū jì
herfst- (abn)	秋天的	qiū tiān de
winter (de)	冬天	dōng tiān
in de winter (bw)	在冬季	zài dōng jì
winter- (abn)	冬天的	dōng tiān de
maand (de)	月, 月份	yuè, yuèfèn
deze maand (bw)	本月	běn yuè
volgende maand (bw)	次月	cì yuè
vorige maand (bw)	上个月	shàng gè yuè
een maand geleden (bw)	一个月前	yī gè yuè qián
over een maand (bw)	在一个月	zài yī gè yuè
over twee maanden (bw)	过两个月	guò liǎng gè yuè
de hele maand (bw)	整个月	zhěnggè yuè
een volle maand (bw)	整个月	zhěnggè yuè
maand-, maandelijks (bn)	每月的	měi yuè de
maandelijks (bw)	每月	měi yuè
elke maand (bw)	每月	měi yuè
twee keer per maand	一个月两次	yī gè yuè liǎngcì
jaar (het)	年	nián
dit jaar (bw)	今年, 本年度	jīn nián, běn nián dù
volgend jaar (bw)	次年	cì nián
vorig jaar (bw)	去年	qù nián
een jaar geleden (bw)	一年前	yī nián qián
over een jaar	在一年	zài yī nián
over twee jaar	过两年	guò liǎng nián
het hele jaar	一整年	yī zhěng nián
een vol jaar	表示一整年	biǎo shì yī zhěng nián
elk jaar	每年	měi nián
jaar-, jaarlijks (bn)	每年的	měi nián de
jaarlijks (bw)	每年	měi nián
4 keer per jaar	一年四次	yī nián sì cì
datum (de)	日期	rìqī
datum (de)	日期	rìqī
kalender (de)	日历	rìlì
een half jaar	半年	bàn nián
zes maanden	半年	bàn nián
seizoen (bijv. lente, zomer)	季节	jì jié
eeuw (de)	世纪	shì jì

19. Tijd. Diversen

tijd (de)	时间	shí jiān
ogenblik (het)	瞬间	shùn jiān
moment (het)	瞬间	shùn jiān
ogenblikkelijk (bn)	瞬间的	shùn jiān de
tijdsbestek (het)	时期	shí qī
leven (het)	一生	yī shēng
eeuwigheid (de)	永恒	yǒng héng

epoche (de), tijdperk (het)	时代	shí dài
era (de), tijdperk (het)	纪元	jì yuán
cyclus (de)	周期	zhōu qī
periode (de)	时期	shí qī
termijn (vastgestelde periode)	期限	qī xiàn

toekomst (de)	未来	wèi lái
toekomstig (bn)	未来的	wèi lái de
de volgende keer	下次	xià cì
verleden (het)	过去	guò qù
vorig (bn)	过去的	guò qu de
de vorige keer	上次	shàng cì

later (bw)	后来	hòu lái
na (~ het diner)	在 … 以后	zài … yǐ hòu
tegenwoordig (bw)	目前	mù qián
nu (bw)	现在	xiàn zài
onmiddellijk (bw)	立即	lì jí
snel (bw)	很快	hěn kuài
bij voorbaat (bw)	预先	yù xiān

lang geleden (bw)	很久以前	hěn jiǔ yǐ qián
kort geleden (bw)	最近	zuì jìn
noodlot (het)	命运	mìng yùn
herinneringen (mv.)	记忆力	jì yì lì
archief (het)	档案馆	dàng àn guǎn

tijdens … (ten tijde van)	在 … 期间	zài … qī jiān
lang (bw)	长时间的	cháng shí jiān de
niet lang (bw)	不长	bù cháng
vroeg (bijv. ~ in de ochtend)	早	zǎo
laat (bw)	晚	wǎn

voor altijd (bw)	永远	yǒng yuǎn
beginnen (ww)	开始	kāi shǐ
uitstellen (ww)	推迟	tuī chí

tegelijkertijd (bw)	同时	tóng shí
voortdurend (bw)	长期不变地	chángqī bùbiàn de
constant (bijv. ~ lawaai)	不断的	bù duàn de
tijdelijk (bn)	暂时的	zàn shí de

soms (bw)	有时	yǒu shí
zelden (bw)	少见地	shǎo jiàn dì
vaak (bw)	经常	jīng cháng

20. Tegenovergestelden

rijk (bn)	富裕的	fù yù de
arm (bn)	贫穷的	pín qióng de
ziek (bn)	生病的	shēng bìng de
gezond (bn)	健康的	jiàn kāng de
groot (bn)	大的	dà de
klein (bn)	小的	xiǎo de
snel (bw)	快	kuài
langzaam (bw)	慢慢地	màn màn de
snel (bn)	快的	kuài de
langzaam (bn)	慢的	màn de
vrolijk (bn)	快乐的	kuài lè de
treurig (bn)	悲哀的	bēi āi de
samen (bw)	一起	yī qǐ
apart (bw)	分别地	fēn bié de
hardop (~ lezen)	出声地	chū shēng de
stil (~ lezen)	看书	kàn shū
hoog (bn)	高的	gāo de
laag (bn)	低的	dī de
diep (bn)	深的	shēn de
ondiep (bn)	浅的	qiǎn de
ja	是	shì
nee	不	bù
ver (bn)	远的	yuǎn de
dicht (bn)	近的	jìn de
ver (bw)	远	yuǎn
dichtbij (bw)	附近	fù jìn
lang (bn)	长的	cháng de
kort (bn)	短的	duǎn de
vriendelijk (goedhartig)	良好的	liáng hǎo de
kwaad (bn)	凶恶的	xiōng è de
gehuwd (mann.)	已婚的	yǐ hūn de
ongehuwd (mann.)	独身的	dú shēn de
verbieden (ww)	禁止	jìn zhǐ
toestaan (ww)	允许	yǔn xǔ
einde (het)	末尾	mò wěi
begin (het)	起点	qǐ diǎn

linker (bn)	左边的	zuǒ bian de
rechter (bn)	右边的	yòu bian de
eerste (bn)	第一的	dì yī de
laatste (bn)	最后的	zuì hòu de
misdaad (de)	罪行	zuì xíng
bestraffing (de)	惩罚	chéng fá
bevelen (ww)	命令	mìng lìng
gehoorzamen (ww)	服从	fú cóng
recht (bn)	直的	zhí de
krom (bn)	弯曲的	wān qū de
paradijs (het)	天堂	tiān táng
hel (de)	地狱	dì yù
geboren worden (ww)	出生	chū shēng
sterven (ww)	死, 死亡	sǐ, sǐ wáng
sterk (bn)	强壮的	qiáng zhuàng de
zwak (bn)	微弱的	wēi ruò de
oud (bn)	老的	lǎo de
jong (bn)	年轻的	nián qīng de
oud (bn)	旧的	jiù de
nieuw (bn)	新的	xīn de
hard (bn)	硬的	yìng de
zacht (bn)	软的	ruǎn de
warm (bn)	暖和的	nuǎn huo de
koud (bn)	冷的	lěng de
dik (bn)	胖的	pàng de
dun (bn)	瘦的	shòu de
smal (bn)	窄的	zhǎi de
breed (bn)	宽的	kuān de
goed (bn)	好的	hǎo de
slecht (bn)	坏的	huài de
moedig (bn)	勇敢的	yǒng gǎn de
laf (bn)	怯懦的	qiè nuò de

21. Lijnen en vormen

vierkant (het)	正方形	zhèng fāng xíng
vierkant (bn)	正方形的	zhèng fāng xíng de
cirkel (de)	圆, 圆形	yuán, yuán xíng
rond (bn)	圆的	yuán de

driehoek (de)	三角形	sān jiǎo xíng
driehoekig (bn)	三角形的	sān jiǎo xíng de
ovaal (het)	卵形线	luǎn xíng xiàn
ovaal (bn)	卵形的	luǎn xíng de
rechthoek (de)	矩形	jǔ xíng
rechthoekig (bn)	矩形的	jǔ xíng de
piramide (de)	角椎体	jiǎo zhuī tǐ
ruit (de)	菱形	líng xíng
trapezium (het)	梯形	tī xíng
kubus (de)	立方体	lì fāng tǐ
prisma (het)	棱柱体	léng zhù tǐ
omtrek (de)	周长	zhōu cháng
bol, sfeer (de)	球形	qiú xíng
bal (de)	球体	qiú tǐ
diameter (de)	直径	zhí jìng
straal (de)	半径	bàn jìng
omtrek (~ van een cirkel)	周长	zhōu cháng
middelpunt (het)	中间	zhōng jiān
horizontaal (bn)	横的	héng de
verticaal (bn)	竖直的	shù zhí de
parallel (de)	平行线	píng xíng xiàn
parallel (bn)	平行的	píng xíng de
lijn (de)	线	xiàn
streep (de)	笔画	bǐ huà
rechte lijn (de)	直线	zhí xiàn
kromme (de)	曲线	qū xiàn
dun (bn)	薄的	báo de
omlijning (de)	外形	wài xíng
snijpunt (het)	交点	jiāo diǎn
rechte hoek (de)	直角	zhí jiǎo
segment (het)	弓形	gōng xíng
sector (de)	扇形	shàn xíng
zijde (de)	边	biān
hoek (de)	角	jiǎo

22. Meeteenheden

gewicht (het)	重量	zhòng liàng
lengte (de)	长，长度	cháng, cháng dù
breedte (de)	宽度	kuān dù
hoogte (de)	高度	gāo dù
diepte (de)	深度	shēn dù
volume (het)	容量	róng liàng
oppervlakte (de)	面积	miàn jī
gram (het)	克	kè
milligram (het)	毫克	háo kè
kilogram (het)	公斤	gōng jīn

ton (duizend kilo)	吨	dūn
pond (het)	磅	bàng
ons (het)	盎司	àng sī

meter (de)	米	mǐ
millimeter (de)	毫米	háo mǐ
centimeter (de)	厘米	límǐ
kilometer (de)	公里	gōng lǐ
mijl (de)	英里	yīng lǐ

duim (de)	英寸	yīng cùn
voet (de)	英尺	yīng chǐ
yard (de)	码	mǎ

| vierkante meter (de) | 平方米 | píng fāng mǐ |
| hectare (de) | 公顷 | gōng qǐng |

liter (de)	升	shēng
graad (de)	度	dù
volt (de)	伏，伏特	fú, fú tè
ampère (de)	安培	ān péi
paardenkracht (de)	马力	mǎ lì

hoeveelheid (de)	量	liàng
een beetje ...	一点	yī diǎn
helft (de)	一半	yī bàn
dozijn (het)	一打	yī dá
stuk (het)	个	gè

| afmeting (de) | 大小 | dà xiǎo |
| schaal (bijv. ~ van 1 op 50) | 比例 | bǐ lì |

minimaal (bn)	最低的	zuì dī de
minste (bn)	最小的	zuì xiǎo de
medium (bn)	中等的	zhōng děng de
maximaal (bn)	最多的	zuì duō de
grootste (bn)	最大的	zuì dà de

23. Containers

glazen pot (de)	玻璃罐	bōli guàn
blik (conserven~)	罐头	guàn tou
emmer (de)	吊桶	diào tǒng
ton (bijv. regenton)	桶	tǒng

ronde waterbak (de)	盆	pén
tank (bijv. watertank-70-ltr)	箱	xiāng
heupfles (de)	小酒壶	xiǎo jiǔ hú
jerrycan (de)	汽油罐	qì yóu guàn
tank (bijv. ketelwagen)	储水箱	chǔ shuǐ xiāng

beker (de)	马克杯	mǎkè bēi
kopje (het)	杯子	bēi zi
schoteltje (het)	碟子	dié zi

glas (het)	杯子	bēi zi
wijnglas (het)	酒杯	jiǔ bēi
steelpan (de)	炖锅	dùn guō

| fles (de) | 瓶子 | píng zi |
| flessenhals (de) | 瓶颈 | píng jǐng |

karaf (de)	长颈玻璃瓶	chángjǐng bōli píng
kruik (de)	粘土壶	nián tǔ hú
vat (het)	器皿	qì mǐn
pot (de)	花盆	huā pén
vaas (de)	花瓶	huā píng

flacon (de)	小瓶	xiǎo píng
flesje (het)	小玻璃瓶	xiǎo bōli píng
tube (bijv. ~ tandpasta)	软管	ruǎn guǎn

zak (bijv. ~ aardappelen)	麻袋	má dài
tasje (het)	袋	dài
pakje (~ sigaretten, enz.)	包，盒	bāo, hé

doos (de)	盒子	hé zi
kist (de)	箱子	xiāng zi
mand (de)	篮子	lán zi

24. Materialen

materiaal (het)	材料	cái liào
hout (het)	木头	mù tou
houten (bn)	木头的	mù tou de

| glas (het) | 玻璃 | bō li |
| glazen (bn) | 玻璃的 | bō li de |

| steen (de) | 石头，石料 | shí tou, shí liào |
| stenen (bn) | 石头的 | shí tou de |

| plastic (het) | 塑料 | sù liào |
| plastic (bn) | 塑料的 | sù liào de |

| rubber (het) | 橡胶 | xiàng jiāo |
| rubber-, rubberen (bn) | 橡胶的 | xiàng jiāo de |

| stof (de) | 布料 | bùliào |
| van stof (bn) | 用布料作的 | yòng bùliào zuò de |

| papier (het) | 纸 | zhǐ |
| papieren (bn) | 用纸作的 | yòng zhǐ zuò de |

| karton (het) | 硬纸板 | yìng zhǐ bǎn |
| kartonnen (bn) | 硬纸板制的 | yìng zhǐ bǎn zhì de |

| polyethyleen (het) | 聚乙烯 | jù yǐ xī |
| cellofaan (het) | 玻璃纸 | bōli zhǐ |

multiplex (het)	胶合板	jiāo hé bǎn
porselein (het)	瓷	cí
porseleinen (bn)	瓷的	cí de
klei (de)	粘土	nián tǔ
klei-, van klei (bn)	粘土的	nián tǔ de
keramiek (de)	陶瓷	táo cí
keramieken (bn)	陶瓷的	táo cí de

25. Metalen

metaal (het)	金属	jīn shǔ
metalen (bn)	金属的	jīn shǔ de
legering (de)	合金	hé jīn

goud (het)	黄金	huáng jīn
gouden (bn)	金的	jīn de
zilver (het)	银	yín
zilveren (bn)	银的	yín de

IJzer (het)	铁	tiě
IJzeren (bn)	铁的	tiě de
staal (het)	钢铁	gāng tiě
stalen (bn)	钢铁的	gāng tiě de
koper (het)	铜	tóng
koperen (bn)	铜的	tóng de

aluminium (het)	铝	lǚ
aluminium (bn)	铝 … , 铝的	lǚ …, lǚde
brons (het)	青铜	qīng tóng
bronzen (bn)	青铜的	qīng tóng de

messing (het)	黄铜	huáng tóng
nikkel (het)	镍	niè
platina (het)	白金	bái jīn
kwik (het)	水银	shuǐ yín
tin (het)	锡	xī
lood (het)	铅	qiān
zink (het)	锌	xīn

MENS

Mens. Het lichaam

26. Mensen. Basisbegrippen

mens (de)	人	rén
man (de)	男人	nán rén
vrouw (de)	女人	nǚ rén
kind (het)	孩子	hái zi
meisje (het)	女孩	nǚ hái
jongen (de)	男孩	nán hái
tiener, adolescent (de)	少年	shào nián
oude man (de)	老先生	lǎo xiān sheng
oude vrouw (de)	老妇人	lǎo fù rén

27. Menselijke anatomie

organisme (het)	人体	rén tǐ
hart (het)	心，心脏	xīn, xīn zàng
bloed (het)	血	xuè
slagader (de)	动脉	dòng mài
ader (de)	静脉	jìng mài
hersenen (mv.)	脑	nǎo
zenuw (de)	神经	shén jīng
zenuwen (mv.)	神经	shén jīng
wervel (de)	椎骨	zhuī gǔ
ruggengraat (de)	脊柱	jǐ zhù
maag (de)	胃	wèi
darmen (mv.)	肠	cháng
darm (de)	肠	cháng
lever (de)	肝，肝脏	gān, gān zàng
nier (de)	肾	shèn
been (deel van het skelet)	骨头	gǔtou
skelet (het)	骨骼	gǔ gé
rib (de)	肋骨	lèi gǔ
schedel (de)	头骨	tóu gǔ
spier (de)	肌肉	jī ròu
biceps (de)	二头肌	èr tóu jī
triceps (de)	三头肌	sān tóu jī
pees (de)	腱，肌腱	jiàn, jī jiàn
gewricht (het)	关节	guān jié

longen (mv.)	肺	fèi
geslachtsorganen (mv.)	生殖器	shēng zhí qì
huid (de)	皮肤	pí fū

28. Hoofd

hoofd (het)	头	tóu
gezicht (het)	脸，面孔	liǎn, miàn kǒng
neus (de)	鼻子	bí zi
mond (de)	口，嘴	kǒu, zuǐ

oog (het)	眼	yǎn
ogen (mv.)	眼睛	yǎn jing
pupil (de)	瞳孔	tóng kǒng
wenkbrauw (de)	眉毛	méi mao
wimper (de)	睫毛	jié máo
ooglid (het)	眼皮	yǎn pí

tong (de)	舌，舌头	shé, shé tou
tand (de)	牙，牙齿	yá, yá chǐ
lippen (mv.)	唇	chún
jukbeenderen (mv.)	颧骨	quán gǔ
tandvlees (het)	齿龈	chǐ yín
gehemelte (het)	腭	è

neusgaten (mv.)	鼻孔	bí kǒng
kin (de)	颏	kē
kaak (de)	下颌	xià hé
wang (de)	脸颊	liǎn jiá

voorhoofd (het)	前额	qián é
slaap (de)	太阳穴	tài yáng xué
oor (het)	耳朵	ěr duo
achterhoofd (het)	后脑勺儿	hòu nǎo sháo r
hals (de)	颈	jǐng
keel (de)	喉部	hóu bù

haren (mv.)	头发	tóu fa
kapsel (het)	发型	fà xíng
haarsnit (de)	发式	fà shì
pruik (de)	假发	jiǎ fà

snor (de)	胡子	hú zi
baard (de)	胡须	hú xū
dragen (een baard, enz.)	蓄着	xù zhuó
vlecht (de)	辫子	biàn zi
bakkebaarden (mv.)	鬓角	bìn jiǎo

ros (roodachtig, rossig)	红发的	hóng fà de
grijs (~ haar)	灰白的	huī bái de
kaal (bn)	秃头的	tū tóu de
kale plek (de)	秃头	tū tóu
paardenstaart (de)	马尾辫	mǎ wěi biàn
pony (de)	刘海	liú hǎi

29. Menselijk lichaam

hand (de)	手	shǒu
arm (de)	胳膊	gēbo
vinger (de)	手指	shǒu zhǐ
duim (de)	拇指	mǔ zhǐ
pink (de)	小指	xiǎo zhǐ
nagel (de)	指甲	zhǐ jia
vuist (de)	拳	quán
handpalm (de)	手掌	shǒu zhǎng
pols (de)	腕	wàn
voorarm (de)	前臂	qián bì
elleboog (de)	肘	zhǒu
schouder (de)	肩膀	jiān bǎng
been (rechter ~)	腿	tuǐ
voet (de)	脚，足	jiǎo, zú
knie (de)	膝，膝盖	xī, xī gài
kuit (de)	小腿肚	xiǎo tuǐ dù
heup (de)	臀部	tún bù
hiel (de)	后跟	hòu gēn
lichaam (het)	身体	shēntǐ
buik (de)	腹，腹部	fù, fù bù
borst (de)	胸	xiōng
borst (de)	乳房	rǔ fáng
zijde (de)	体侧	tǐ cè
rug (de)	背	bèi
lage rug (de)	下背	xià bèi
taille (de)	腰	yāo
navel (de)	肚脐	dù qí
billen (mv.)	臀部，屁股	tún bù, pì gu
achterwerk (het)	屁股	pì gu
huidvlek (de)	痣	zhì
moedervlek (de)	胎痣	tāi zhì
tatoeage (de)	文身	wén shēn
litteken (het)	疤	bā

Kleding en accessoires

30. Bovenkleding. Jassen

kleren (mv.), kleding (de)	服装	fú zhuāng
bovenkleding (de)	外衣, 上衣	wài yī, shàng yī
winterkleding (de)	寒衣	hán yī
jas (de)	大衣	dà yī
bontjas (de)	皮大衣	pí dà yī
bontjasje (het)	皮草短外套	pí cǎo duǎn wài tào
donzen jas (de)	羽绒服	yǔ róng fú
jasje (bijv. een leren ~)	茄克衫	jiā kè shān
regenjas (de)	雨衣	yǔ yī
waterdicht (bn)	不透水的	bù tòu shuǐ de

31. Heren & dames kleding

overhemd (het)	衬衫	chèn shān
broek (de)	裤子	kù zi
jeans (de)	牛仔裤	niú zǎi kù
colbert (de)	西服上衣	xī fú shàng yī
kostuum (het)	套装	tào zhuāng
jurk (de)	连衣裙	lián yī qún
rok (de)	裙子	qún zi
blouse (de)	女衬衫	nǚ chèn shān
wollen vest (de)	针织毛衣	zhēn zhī máo yī
blazer (kort jasje)	茄克衫	jiā kè shān
T-shirt (het)	T恤	T xù
shorts (mv.)	短裤	duǎn kù
trainingspak (het)	运动服	yùn dòng fú
badjas (de)	浴衣	yù yī
pyjama (de)	睡衣	shuì yī
sweater (de)	毛衣	máo yī
pullover (de)	套头衫	tào tóu shān
gilet (het)	马甲	mǎ jiǎ
rokkostuum (het)	燕尾服	yàn wěi fú
smoking (de)	无尾礼服	wú wěi lǐ fú
uniform (het)	制服	zhì fú
werkkleding (de)	工作服	gōng zuò fú
overall (de)	连体服	lián tǐ fú
doktersjas (de)	医师服	yī shī fú

32. Kleding. Ondergoed

ondergoed (het)	内衣	nèi yī
onderhemd (het)	汗衫	hàn shān
sokken (mv.)	短袜	duǎn wà
nachthemd (het)	睡衣	shuì yī
beha (de)	乳罩	rǔ zhào
kniekousen (mv.)	膝上袜	xī shàng wà
panty (de)	连裤袜	lián kù wà
nylonkousen (mv.)	长筒袜	cháng tǒng wà
badpak (het)	游泳衣	yóu yǒng yī

33. Hoofddeksels

hoed (de)	帽子	mào zi
deukhoed (de)	礼帽	lǐ mào
honkbalpet (de)	棒球帽	bàng qiú mào
kleppet (de)	鸭舌帽	yā shé mào
baret (de)	贝雷帽	bèi léi mào
kap (de)	风帽	fēng mào
panamahoed (de)	巴拿马草帽	bānámǎ cǎo mào
gebreide muts (de)	针织帽	zhēn zhī mào
hoofddoek (de)	头巾	tóujīn
dameshoed (de)	女式帽	nǚshì mào
veiligheidshelm (de)	安全帽	ān quán mào
veldmuts (de)	船形帽	chuán xíng mào
helm, valhelm (de)	头盔	tóu kuī
bolhoed (de)	圆顶礼帽	yuán dǐng lǐ mào
hoge hoed (de)	大礼帽	dà lǐ mào

34. Schoeisel

schoeisel (het)	鞋类	xié lèi
schoenen (mv.)	短靴	duǎn xuē
vrouwenschoenen (mv.)	翼尖鞋	yì jiān xié
laarzen (mv.)	靴子	xuē zi
pantoffels (mv.)	拖鞋	tuō xié
sportschoenen (mv.)	运动鞋	yùndòng xié
sneakers (mv.)	胶底运动鞋	jiāodǐ yùndòng xié
sandalen (mv.)	凉鞋	liáng xié
schoenlapper (de)	鞋匠	xié jiàng
hiel (de)	鞋后跟	xié hòu gēn
paar (een ~ schoenen)	一双	yī shuāng
veter (de)	鞋带	xié dài

rijgen (schoenen ~)	系鞋带	jì xié dài
schoenlepel (de)	鞋拔	xié bá
schoensmeer (de/het)	鞋油	xié yóu

35. Textiel. Weefsel

katoen (de/het)	棉布	mián bù
katoenen (bn)	棉布	mián bù
vlas (het)	亚麻	yà má
vlas-, van vlas (bn)	亚麻制的	yà má zhì de

zijde (de)	丝	sī
zijden (bn)	丝 … , 丝的	sī …, sī de
wol (de)	羊毛	yáng máo
wollen (bn)	羊毛的	yáng máo de

fluweel (het)	丝绒	sī róng
suède (de)	绒面革	róng miàn gé
ribfluweel (het)	绒布	róng bù

nylon (de/het)	尼龙	ní lóng
nylon-, van nylon (bn)	尼龙的	ní lóng de
polyester (het)	聚酯纤维	jù zhǐ xiān wéi
polyester- (abn)	聚酯纤维的	jù zhǐ xiān wéi de

leer (het)	皮革	pí gé
leren (van leer gemaak)	皮革 … , 皮的	pí gé …, pí de
bont (het)	毛皮	máo pí
bont- (abn)	毛皮的	máo pí de

36. Persoonlijke accessoires

handschoenen (mv.)	手套	shǒu tào
wanten (mv.)	连指手套	lián zhǐ shǒu tào
sjaal (fleece ~)	围巾	wéi jīn

bril (de)	眼镜	yǎn jìng
brilmontuur (het)	眼镜框	yǎn jìng kuàng
paraplu (de)	雨伞	yǔ sǎn
wandelstok (de)	手杖	shǒu zhàng
haarborstel (de)	梳子	shū zi
waaier (de)	扇子	shàn zi

das (de)	领带	lǐng dài
strikje (het)	领结	lǐng jié
bretels (mv.)	吊裤带	diào kù dài
zakdoek (de)	手帕	shǒu pà

kam (de)	梳子	shū zi
haarspeldje (het)	发夹	fà jiā
schuifspeldje (het)	发针	fà zhēn
gesp (de)	皮带扣	pí dài kòu

broekriem (de)	腰带	yāo dài
draagriem (de)	肩带	jiān dài
handtas (de)	包	bāo
damestas (de)	女手提包	nǚ shǒutí bāo
rugzak (de)	背包	bēi bāo

37. Kleding. Diversen

mode (de)	时装	shí zhuāng
de mode (bn)	正在流行	zhèng zài liú xíng
kledingstilist (de)	时装设计师	shízhuāng shèjìshī
kraag (de)	衣领，领子	yī lǐng, lǐng zi
zak (de)	口袋	kǒu dài
zak- (abn)	口袋的	kǒu dài de
mouw (de)	袖子	xiù zi
lusje (het)	挂衣环	guà yī huán
gulp (de)	前开口	qián kāi kǒu
rits (de)	拉链	lā liàn
sluiting (de)	扣子	kòu zi
knoop (de)	纽扣	niǔ kòu
knoopsgat (het)	钮扣孔	niǔ kòu kǒng
losraken (bijv. knopen)	掉	diào
naaien (kleren, enz.)	缝纫	féng rèn
borduren (ww)	绣	xiù
borduursel (het)	绣花	xiù huā
naald (de)	针	zhēn
draad (de)	线	xiàn
naad (de)	线缝	xiàn féng
vies worden (ww)	弄脏	nòng zāng
vlek (de)	污点，污迹	wū diǎn, wū jì
gekreukt raken (ov. kleren)	起皱	qǐ zhòu
scheuren (ov.ww.)	扯破	chě pò
mot (de)	衣蛾	yī é

38. Persoonlijke verzorging. Schoonheidsmiddelen

tandpasta (de)	牙膏	yá gāo
tandenborstel (de)	牙刷	yá shuā
tanden poetsen (ww)	刷牙	shuā yá
scheermes (het)	剃须刀	tì xū dāo
scheerschuim (het)	剃须膏	tì xū gāo
zich scheren (ww)	刮脸	guā liǎn
zeep (de)	肥皂	féi zào
shampoo (de)	洗发液	xǐ fā yè
schaar (de)	剪子，剪刀	jiǎn zi, jiǎndāo

nagelvijl (de)	指甲锉	zhǐ jia cuò
nagelknipper (de)	指甲钳	zhǐ jia qián
pincet (het)	镊子	niè zi
cosmetica (de)	化妆品	huà zhuāng pǐn
masker (het)	面膜	miàn mó
manicure (de)	美甲	měi jiǎ
manicure doen	修指甲	xiū zhǐ jia
pedicure (de)	足部护理	zú bù hù lǐ
cosmetica tasje (het)	化妆包	huà zhuāng bāo
poeder (de/het)	粉	fěn
poederdoos (de)	粉盒	fěn hé
rouge (de)	胭脂	yān zhī
parfum (de/het)	香水	xiāng shuǐ
eau de toilet (de)	香水	xiāng shuǐ
lotion (de)	润肤液	rùn fū yè
eau de cologne (de)	古龙水	gǔ lóng shuǐ
oogschaduw (de)	眼影	yǎn yǐng
oogpotlood (het)	眼线笔	yǎn xiàn bǐ
mascara (de)	睫毛膏	jié máo gāo
lippenstift (de)	口红	kǒu hóng
nagellak (de)	指甲油	zhǐjia yóu
haarlak (de)	喷雾发胶	pēn wù fà jiāo
deodorant (de)	除臭剂	chú chòu jì
crème (de)	护肤霜	hù fū shuāng
gezichtscrème (de)	面霜	miàn shuāng
handcrème (de)	护手霜	hù shǒu shuāng
antirimpelcrème (de)	抗皱霜	kàng zhòu shuāng
dag- (abn)	白天的	bái tiān de
nacht- (abn)	夜间的	yè jiān de
tampon (de)	卫生棉条	wèi shēng mián tiáo
toiletpapier (het)	卫生纸	wèi shēng zhǐ
föhn (de)	吹风机	chuī fēng jī

39. Juwelen

sieraden (mv.)	珠宝	zhū bǎo
edel (bijv. ~ stenen)	宝⋯, 宝贵的	bǎo ..., bǎoguì de
keurmerk (het)	印记	yìn jì
ring (de)	戒指	jièzhi
trouwring (de)	结婚戒指	jiéhūn jièzhi
armband (de)	手镯	shǒu zhuó
oorringen (mv.)	耳环	ěr huán
halssnoer (het)	项链	xiàng liàn
kroon (de)	王冠	wáng guān
kralen snoer (het)	珠串项链	zhū chuàn xiàng liàn

diamant (de)	钻石	zuàn shí
smaragd (de)	绿宝石	lǜ bǎo shí
robijn (de)	红宝石	hóng bǎo shí
saffier (de)	蓝宝石	lán bǎo shí
parel (de)	珍珠	zhēn zhū
barnsteen (de)	琥珀	hǔpò

40. Horloges. Klokken

polshorloge (het)	手表	shǒu biǎo
wijzerplaat (de)	钟面	zhōng miàn
wijzer (de)	指针	zhǐ zhēn
metalen horlogeband (de)	手表链	shǒu biǎo liàn
horlogebandje (het)	表带	biǎo dài

batterij (de)	电池	diàn chí
leeg zijn (ww)	没电	méi diàn
batterij vervangen	换电池	huàn diàn chí
voorlopen (ww)	快	kuài
achterlopen (ww)	慢	màn

wandklok (de)	挂钟	guà zhōng
zandloper (de)	沙漏	shā lòu
zonnewijzer (de)	日规	rì guī
wekker (de)	闹钟	nào zhōng
horlogemaker (de)	钟表匠	zhōng biǎo jiàng
repareren (ww)	修理	xiū lǐ

Voedsel. Voeding

41. Voedsel

vlees (het)	肉	ròu
kip (de)	鸡肉	jī ròu
kuiken (het)	小鸡	xiǎo jī
eend (de)	鸭子	yā zi
gans (de)	鹅肉	é ròu
wild (het)	猎物	liè wù
kalkoen (de)	火鸡	huǒ jī
varkensvlees (het)	猪肉	zhū ròu
kalfsvlees (het)	小牛肉	xiǎo niú ròu
schapenvlees (het)	羊肉	yáng ròu
rundvlees (het)	牛肉	niú ròu
konijnenvlees (het)	兔肉	tù ròu
worst (de)	香肠	xiāng cháng
saucijs (de)	小灌肠	xiǎo guàn cháng
spek (het)	腊肉	là ròu
ham (de)	火腿	huǒ tuǐ
gerookte achterham (de)	熏火腿	xūn huǒ tuǐ
paté, pastei (de)	鹅肝酱	é gān jiàng
lever (de)	肝	gān
varkensvet (het)	猪油	zhū yóu
gehakt (het)	碎牛肉	suì niú ròu
tong (de)	口条	kǒu tiáo
ei (het)	鸡蛋	jī dàn
eieren (mv.)	鸡蛋	jī dàn
eiwit (het)	蛋白	dàn bái
eigeel (het)	蛋黄	dàn huáng
vis (de)	鱼	yú
zeevruchten (mv.)	海鲜	hǎi xiān
kaviaar (de)	鱼子酱	yúzǐ jiàng
krab (de)	螃蟹	páng xiè
garnaal (de)	虾，小虾	xiā, xiǎo xiā
oester (de)	牡蛎	mǔ lì
langoest (de)	龙虾	lóng xiā
octopus (de)	章鱼	zhāng yú
inktvis (de)	鱿鱼	yóu yú
steur (de)	鲟鱼	xú nyú
zalm (de)	鲑鱼	guī yú
heilbot (de)	比目鱼	bǐ mù yú
kabeljauw (de)	鳕鱼	xuě yú

makreel (de)	鲭鱼	qīng yú
tonijn (de)	金枪鱼	jīn qiāng yú
paling (de)	鳗鱼，鳝鱼	mán yú, shàn yú

forel (de)	鳟鱼	zūn yú
sardine (de)	沙丁鱼	shā dīng yú
snoek (de)	狗鱼	gǒu yú
haring (de)	鲱鱼	fēi yú

brood (het)	面包	miàn bāo
kaas (de)	奶酪	nǎi lào
suiker (de)	糖	táng
zout (het)	盐，食盐	yán, shí yán

rijst (de)	米	mǐ
pasta (de)	通心粉	tōng xīn fěn
noedels (mv.)	面条	miàn tiáo

boter (de)	黄油	huáng yóu
plantaardige olie (de)	植物油	zhí wù yóu
zonnebloemolie (de)	向日葵油	xiàng rì kuí yóu
margarine (de)	人造奶油	rénzào nǎi yóu

| olijven (mv.) | 橄榄 | gǎn lǎn |
| olijfolie (de) | 橄榄油 | gǎn lǎn yóu |

melk (de)	牛奶	niú nǎi
gecondenseerde melk (de)	炼乳	liàn rǔ
yoghurt (de)	酸奶	suān nǎi
zure room (de)	酸奶油	suān nǎi yóu
room (de)	奶油	nǎi yóu

| mayonaise (de) | 蛋黄酱 | dàn huáng jiàng |
| crème (de) | 乳脂 | rǔ zhī |

graan (het)	谷粒	gǔ lì
meel (het), bloem (de)	面粉	miàn fěn
conserven (mv.)	罐头食品	guàn tou shí pǐn

maïsvlokken (mv.)	玉米片	yù mǐ piàn
honing (de)	蜂蜜	fēng mì
jam (de)	果冻	guǒ dòng
kauwgom (de)	口香糖	kǒu xiāng táng

42. Drankjes

water (het)	水	shuǐ
drinkwater (het)	饮用水	yǐn yòng shuǐ
mineraalwater (het)	矿泉水	kuàng quán shuǐ

zonder gas	无气的	wú qì de
koolzuurhoudend (bn)	苏打 …	sū dá …
bruisend (bn)	汽水	qì shuǐ
IJs (het)	冰	bīng

met ijs	加冰的	jiā bīng de
alcohol vrij (bn)	不含酒精的	bù hán jiǔ jīng de
alcohol vrije drank (de)	软性饮料	ruǎn xìng yǐn liào
frisdrank (de)	清凉饮料	qīng liáng yǐn liào
limonade (de)	柠檬水	níng méng shuǐ

alcoholische dranken (mv.)	烈酒	liè jiǔ
likeur (de)	甜酒	tián jiǔ
champagne (de)	香槟	xiāng bīn
vermout (de)	苦艾酒	kǔ ài jiǔ

whisky (de)	威士忌酒	wēi shì jì jiǔ
wodka (de)	伏特加	fú tè jiā
gin (de)	杜松子酒	dù sōng zǐ jiǔ
cognac (de)	法国白兰地	fǎguó báilándì
rum (de)	朗姆酒	lǎng mǔ jiǔ

koffie (de)	咖啡	kāfēi
zwarte koffie (de)	黑咖啡	hēi kāfēi
koffie (de) met melk	加牛奶的咖啡	jiāniúnǎide kāfēi
cappuccino (de)	卡布奇诺	kǎ bù jī nuò
oploskoffie (de)	速溶咖啡	sùróng kāfēi

melk (de)	牛奶	niú nǎi
cocktail (de)	鸡尾酒	jī wěi jiǔ
milkshake (de)	奶昔	nǎi xī

sap (het)	果汁	guǒzhī
tomatensap (het)	番茄汁	fān qié zhī
sinaasappelsap (het)	橙子汁	chéng zi zhī
vers geperst sap (het)	新鲜果汁	xīnxiān guǒzhī

bier (het)	啤酒	píjiǔ
licht bier (het)	淡啤酒	dàn píjiǔ
donker bier (het)	黑啤酒	hēi píjiǔ

thee (de)	茶	chá
zwarte thee (de)	红茶	hóng chá
groene thee (de)	绿茶	lǜ chá

43. Groenten

| groenten (mv.) | 蔬菜 | shū cài |
| verse kruiden (mv.) | 青菜 | qīng cài |

tomaat (de)	西红柿	xī hóng shì
augurk (de)	黄瓜	huáng guā
wortel (de)	胡萝卜	hú luó bo
aardappel (de)	土豆	tǔ dòu
ui (de)	洋葱	yáng cōng
knoflook (de)	大蒜	dà suàn

| kool (de) | 洋白菜 | yáng bái cài |
| bloemkool (de) | 菜花 | cài huā |

| spruitkool (de) | 球芽甘蓝 | qiú yá gān lán |
| broccoli (de) | 西蓝花 | xī lán huā |

rode biet (de)	甜菜	tiáncài
aubergine (de)	茄子	qié zi
courgette (de)	西葫芦	xī hú lu
pompoen (de)	南瓜	nán guā
raap (de)	蔓菁	mán jing

peterselie (de)	欧芹	ōu qín
dille (de)	莳萝	shì luó
sla (de)	生菜，莴苣	shēng cài, wō jù
selderij (de)	芹菜	qín cài
asperge (de)	芦笋	lú sǔn
spinazie (de)	菠菜	bō cài

erwt (de)	豌豆	wān dòu
bonen (mv.)	豆子	dòu zi
maïs (de)	玉米	yù mǐ
boon (de)	四季豆	sì jì dòu

peper (de)	胡椒，辣椒	hú jiāo, là jiāo
radijs (de)	水萝卜	shuǐ luó bo
artisjok (de)	朝鲜蓟	cháo xiǎn jì

44. Vruchten. Noten

vrucht (de)	水果	shuǐ guǒ
appel (de)	苹果	píng guǒ
peer (de)	梨	lí
citroen (de)	柠檬	níng méng
sinaasappel (de)	橙子	chén zi
aardbei (de)	草莓	cǎo méi

mandarijn (de)	橘子	jú zi
pruim (de)	李子	lǐ zi
perzik (de)	桃子	táo zi
abrikoos (de)	杏子	xìng zi
framboos (de)	覆盆子	fù pén zi
ananas (de)	菠萝	bō luó

banaan (de)	香蕉	xiāng jiāo
watermeloen (de)	西瓜	xī guā
druif (de)	葡萄	pú tao
zure kers (de)	樱桃	yīngtáo
zoete kers (de)	欧洲甜樱桃	oūzhōu tián yīngtáo
meloen (de)	瓜，甜瓜	guā, tián guā

grapefruit (de)	葡萄柚	pú tao yòu
avocado (de)	鳄梨	è lí
papaja (de)	木瓜	mù guā
mango (de)	芒果	máng guǒ
granaatappel (de)	石榴	shí liú
rode bes (de)	红醋栗	hóng cù lì

zwarte bes (de)	黑醋栗	hēi cù lì
kruisbes (de)	醋栗	cù lì
bosbes (de)	越橘	yuè jú
braambes (de)	黑莓	hēi méi

rozijn (de)	葡萄干	pútao gān
vijg (de)	无花果	wú huā guǒ
dadel (de)	海枣	hǎi zǎo

pinda (de)	花生	huā shēng
amandel (de)	杏仁	xìng rén
walnoot (de)	核桃	hé tao
hazelnoot (de)	榛子	zhēn zi
kokosnoot (de)	椰子	yē zi
pistaches (mv.)	开心果	kāi xīn guǒ

45. Brood. Snoep

suikerbakkerij (de)	油酥面饼	yóu sū miàn bǐng
brood (het)	面包	miàn bāo
koekje (het)	饼干	bǐng gān

chocolade (de)	巧克力	qiǎo kè lì
chocolade- (abn)	巧克力的	qiǎo kè lì de
snoepje (het)	糖果	táng guǒ
cakeje (het)	小蛋糕	xiǎo dàngāo
taart (bijv. verjaardags~)	蛋糕	dàngāo

| pastei (de) | 大馅饼 | dà xiàn bǐng |
| vulling (de) | 馅 | xiàn |

confituur (de)	果酱	guǒ jiàng
marmelade (de)	酸果酱	suān guǒ jiàng
wafel (de)	华夫饼干	huá fū bǐng gān
IJsje (het)	冰淇淋	bǐng qí lín

46. Bereide gerechten

gerecht (het)	菜	cài
keuken (bijv. Franse ~)	菜肴	cài yáo
recept (het)	烹饪法	pēng rèn fǎ
portie (de)	一份	yī fèn

| salade (de) | 沙拉 | shā lā |
| soep (de) | 汤 | tāng |

bouillon (de)	清汤	qīng tāng
boterham (de)	三明治	sān míng zhì
spiegelei (het)	煎蛋	jiān dàn

| hamburger (de) | 肉饼 | ròu bǐng |
| hamburger (de) | 汉堡 | hàn bǎo |

biefstuk (de)	牛排	niú pái
hutspot (de)	烤肉	kǎo ròu
garnering (de)	配菜	pèi cài
spaghetti (de)	意大利面条	yì dà lì miàn tiáo
aardappelpuree (de)	土豆泥	tǔ dòu ní
pizza (de)	比萨饼	bǐ sà bǐng
pap (de)	麦片粥	mài piàn zhōu
omelet (de)	鸡蛋饼	jīdàn bǐng
gekookt (in water)	煮熟的	zhǔ shóu de
gerookt (bn)	熏烤的	xūn kǎo de
gebakken (bn)	油煎的	yóu jiān de
gedroogd (bn)	干的	gān de
diepvries (bn)	冷冻的	lěng dòng de
gemarineerd (bn)	醋渍的	cù zì de
zoet (bn)	甜的	tián de
gezouten (bn)	咸的	xián de
koud (bn)	冷的	lěng de
heet (bn)	烫的	tàng de
bitter (bn)	苦的	kǔ de
lekker (bn)	美味的	měi wèi de
koken (in kokend water)	做饭	zuò fàn
bereiden (avondmaaltijd ~)	做饭	zuò fàn
bakken (ww)	油煎	yóu jiān
opwarmen (ww)	加热	jiā rè
zouten (ww)	加盐	jiā yán
peperen (ww)	加胡椒	jiā hú jiāo
raspen (ww)	磨碎	mò suì
schil (de)	皮	pí
schillen (ww)	剥皮	bāo pí

47. Kruiden

zout (het)	盐，食盐	yán, shí yán
gezouten (bn)	含盐的	hán yán de
zouten (ww)	加盐	jiā yán
zwarte peper (de)	黑胡椒	hēi hú jiāo
rode peper (de)	红辣椒粉	hóng là jiāo fěn
mosterd (de)	芥末	jiè mo
mierikswortel (de)	辣根汁	là gēn zhī
condiment (het)	调味品	diào wèi pǐn
specerij , kruiderij (de)	香料	xiāng liào
saus (de)	调味汁	tiáo wèi zhī
azijn (de)	醋	cù
anijs (de)	茴芹	huí qín
basilicum (de)	罗勒	luó lè
kruidnagel (de)	丁香	dīng xiāng

gember (de)	姜	jiāng
koriander (de)	芫荽	yuán suī
kaneel (de/het)	肉桂	ròu guì

sesamzaad (het)	芝麻	zhī ma
laurierblad (het)	月桂叶	yuè guì yè
paprika (de)	红甜椒粉	hóng tián jiāo fěn
komijn (de)	葛缕子	gélǚ zi
saffraan (de)	番红花	fān hóng huā

48. Maaltijden

| eten (het) | 食物 | shí wù |
| eten (ww) | 吃 | chī |

ontbijt (het)	早饭	zǎo fàn
ontbijten (ww)	吃早饭	chī zǎo fàn
lunch (de)	午饭	wǔ fàn
lunchen (ww)	吃午饭	chī wǔ fàn

| avondeten (het) | 晚餐 | wǎn cān |
| souperen (ww) | 吃晚饭 | chī wǎn fàn |

| eetlust (de) | 胃口 | wèi kǒu |
| Eet smakelijk! | 请慢用! | qǐng màn yòng! |

openen (een fles ~)	打开	dǎ kāi
morsen (koffie, enz.)	洒出	sǎ chū
zijn gemorst	洒出	sǎ chū

koken (water kookt bij 100°C)	煮开	zhǔ kāi
koken (Hoe om water te ~)	烧开	shāo kāi
gekookt (~ water)	煮开过的	zhǔ kāi guò de

| afkoelen (koeler maken) | 变凉 | biàn liáng |
| afkoelen (koeler worden) | 变凉 | biàn liáng |

| smaak (de) | 味道 | wèi dào |
| nasmaak (de) | 回味，余味 | huí wèi, yú wèi |

volgen een dieet	减肥	jiǎn féi
dieet (het)	日常饮食	rì cháng yǐn shí
vitamine (de)	维生素	wéi shēng sù
calorie (de)	卡路里	kǎlùlǐ

| vegetariër (de) | 素食者 | sù shí zhě |
| vegetarisch (bn) | 素的 | sù de |

vetten (mv.)	脂肪	zhī fáng
eiwitten (mv.)	蛋白质	dàn bái zhì
koolhydraten (mv.)	碳水化合物	tàn shuǐ huà hé wù
snede (de)	一片	yī piàn
stuk (bijv. een ~ taart)	一块	yī kuài
kruimel (de)	面包屑	miàn bāo xiè

49. Tafelschikking

lepel (de)	勺子	sháo zi
mes (het)	刀，刀子	dāo, dāo zi
vork (de)	叉，餐叉	chā, cān chā
kopje (het)	杯子	bēi zi
bord (het)	盘子	pán zi
schoteltje (het)	碟子	dié zi
servet (het)	餐巾	cān jīn
tandenstoker (de)	牙签	yá qiān

50. Restaurant

restaurant (het)	饭馆	fàn guǎn
koffiehuis (het)	咖啡馆	kāfēi guǎn
bar (de)	酒吧	jiǔ bā
tearoom (de)	茶馆	chá guǎn
kelner, ober (de)	服务员	fú wù yuán
serveerster (de)	女服务员	nǚ fú wù yuán
barman (de)	酒保	jiǔ bǎo
menu (het)	菜单	cài dān
wijnkaart (de)	酒单	jiǔ dān
een tafel reserveren	订桌子	dìng zhuō zi
gerecht (het)	菜	cài
bestellen (eten ~)	订菜	dìng cài
een bestelling maken	订菜	dìng cài
aperitief (de/het)	开胃酒	kāi wèi jiǔ
voorgerecht (het)	开胃菜	kāi wèi cài
dessert (het)	甜点心	tián diǎn xīn
rekening (de)	账单	zhàng dān
de rekening betalen	付账	fù zhàng
wisselgeld teruggeven	找零钱	zhǎo líng qián
fooi (de)	小费	xiǎo fèi

Familie, verwanten en vrienden

51. Persoonlijke informatie. Formulieren

naam (de)	名字	míng zi
achternaam (de)	姓	xìng
geboortedatum (de)	出生日期	chū shēng rì qī
geboorteplaats (de)	出生地	chū shēng dì
nationaliteit (de)	国籍	guó jí
woonplaats (de)	住所地	zhù suǒ dì
land (het)	国家	guó jiā
beroep (het)	职业	zhí yè
geslacht (ov. het vrouwelijk ~)	性，性别	xìng, xìngbié
lengte (de)	身高	shēn gāo
gewicht (het)	重量	zhòng liàng

52. Familieleden. Verwanten

moeder (de)	母亲	mǔ qīn
vader (de)	父亲	fù qīn
zoon (de)	儿子	ér zi
dochter (de)	女儿	nǚ ér
jongste dochter (de)	最小的女儿	zuìxiǎode nǚ ér
jongste zoon (de)	最小的儿子	zuìxiǎode ér zi
oudste dochter (de)	最大的女儿	zuìdàde nǚér
oudste zoon (de)	最大的儿子	zuìdàde ér zi
oudere broer (de)	哥哥	gēge
jongere broer (de)	弟弟	dìdi
oudere zuster (de)	姐姐	jiějie
neef (zoon van oom/tante)	堂兄弟，表兄弟	tángxiōngdì, biǎoxiōngdì
nicht (dochter van oom/tante)	堂姊妹，表姊妹	tángzǐmèi, biǎozǐmèi
mama (de)	妈妈	mā ma
papa (de)	爸爸	bàba
ouders (mv.)	父母	fù mǔ
kind (het)	孩子	hái zi
kinderen (mv.)	孩子们	hái zi men
oma (de)	姥姥	lǎo lao
opa (de)	爷爷	yé ye
kleinzoon (de)	孙子	sūn zi
kleindochter (de)	孙女	sūn nǚ
kleinkinderen (mv.)	孙子们	sūn zi men

oom (de)	姑爹	gū diē
tante (de)	姑妈	gū mā
neef (zoon van broer/zus)	侄子	zhí zi
nicht (dochter van broer/zus)	侄女	zhí nǚ

schoonmoeder (de)	岳母	yuè mǔ
schoonvader (de)	公公	gōng gong
schoonzoon (de)	女婿	nǚ xu
stiefmoeder (de)	继母	jì mǔ
stiefvader (de)	继父	jì fù

zuigeling (de)	婴儿	yīng ér
wiegenkind (het)	婴儿	yīng ér
kleuter (de)	小孩	xiǎo hái

vrouw (de)	妻子	qī zi
man (de)	老公	lǎo gōng
echtgenoot (de)	配偶	pèi ǒu
echtgenote (de)	配偶	pèi ǒu

gehuwd (mann.)	结婚的	jié hūn de
gehuwd (vrouw.)	结婚的	jié hūn de
ongehuwd (mann.)	独身的	dú shēn de
vrijgezel (de)	单身汉	dān shēn hàn
gescheiden (bn)	离婚的	lí hūn de
weduwe (de)	寡妇	guǎ fu
weduwnaar (de)	鳏夫	guān fū

familielid (het)	亲戚	qīn qi
dichte familielid (het)	近亲	jìn qīn
verre familielid (het)	远亲	yuǎn qīn
familieleden (mv.)	亲属	qīn shǔ

wees (de), weeskind (het)	孤儿	gū ér
voogd (de)	监护人	jiān hù rén
adopteren (een jongen te ~)	收养	shōu yǎng
adopteren (een meisje te ~)	收养	shōu yǎng

53. Vrienden. Collega's

vriend (de)	朋友	péngyou
vriendin (de)	女性朋友	nǚxìng péngyou
vriendschap (de)	友谊	yǒu yì
bevriend zijn (ww)	交朋友	jiāo péngyou

makker (de)	朋友	péngyou
vriendin (de)	朋友	péngyou
partner (de)	搭档	dā dàng

chef (de)	老板	lǎo bǎn
eigenaar (de)	物主	wù zhǔ
ondergeschikte (de)	下属	xià shǔ
collega (de)	同事	tóng shì
kennis (de)	熟人	shú rén

| medereiziger (de) | 旅伴 | lǚ bàn |
| klasgenoot (de) | 同学 | tóng xué |

buurman (de)	邻居	lín jū
buurvrouw (de)	邻居	lín jū
buren (mv.)	邻居们	lín jū men

54. Man. Vrouw

vrouw (de)	女人	nǚ rén
meisje (het)	姑娘	gū niang
bruid (de)	新娘	xīn niáng

mooi(e) (vrouw, meisje)	漂亮的	piào liang de
groot, grote (vrouw, meisje)	高的	gāo de
slank(e) (vrouw, meisje)	苗条	miáo tiáo
korte, kleine (vrouw, meisje)	矮的	ǎi de

| blondine (de) | 金发女郎 | jīnfà nǚláng |
| brunette (de) | 黑发女人 | hēifà nǚrén |

dames- (abn)	女式	nǚ shì
maagd (de)	处女	chǔ nǚ
zwanger (bn)	怀孕的	huái yùn de

man (de)	男人	nán rén
blonde man (de)	金发男子	jīnfà nánzǐ
bruinharige man (de)	黑发男人	hēifà nánrén
groot (bn)	高的	gāo de
klein (bn)	矮的	ǎi de

onbeleefd (bn)	粗鲁的	cū lǔ de
gedrongen (bn)	结实的	jiē shi de
robuust (bn)	强健的	qiáng jiàn de
sterk (bn)	强壮的	qiáng zhuàng de
sterkte (de)	力气	lìqi

mollig (bn)	肥胖的	féi pàng de
getaand (bn)	黝黑的	yǒu hēi de
slank (bn)	身强力壮的	shēn qiáng lì zhuàng de
elegant (bn)	雅致的	yǎ zhì de

55. Leeftijd

leeftijd (de)	年龄	nián líng
jeugd (de)	青年时期	qīng nián shí qī
jong (bn)	年轻的	nián qīng de

jonger (bn)	··· 比 ··· 小	… bǐ … xiǎo
ouder (bn)	··· 比 ··· 大	… bǐ … dà
jongen (de)	年轻男士	nián qīng nán shì
tiener, adolescent (de)	少年	shào nián

kerel (de)	小伙子	xiǎo huǒ zi
oude man (de)	老先生	lǎo xiān sheng
oude vrouw (de)	老妇人	lǎo fù rén

volwassen (bn)	成年的	chéng nián de
van middelbare leeftijd (bn)	中年的	zhōng nián de
bejaard (bn)	年长的	nián zhǎng de
oud (bn)	老的	lǎo de

pensioen (het)	退休	tuì xiū
met pensioen gaan	退休	tuì xiū
gepensioneerde (de)	退休人员	tuì xiū rén yuán

56. Kinderen

kind (het)	孩子	hái zi
kinderen (mv.)	孩子们	hái zi men
tweeling (de)	孪生儿	luán shēng ér

wieg (de)	摇篮	yáo lán
rammelaar (de)	摇铃	yáo líng
luier (de)	尿布	niào bù

speen (de)	安抚奶嘴	ān fǔ nǎi zuǐ
kinderwagen (de)	婴儿车	yīng ér chē
kleuterschool (de)	幼儿园	yòu ér yuán
babysitter (de)	保姆	bǎo mǔ

kindertijd (de)	童年	tóng nián
pop (de)	娃娃	wá wa
speelgoed (het)	玩具	wán jù
bouwspeelgoed (het)	建筑玩具	jiàn zhù wán jù

welopgevoed (bn)	有教养的	yǒu jiào yǎng de
onopgevoed (bn)	教养差的	jiào yǎng chà de
verwend (bn)	宠坏的	chǒng huài de

stout zijn (ww)	淘气	táoqì
stout (bn)	淘气的	táoqì de
stoutheid (de)	淘气	táoqì
stouterd (de)	淘气的男孩	táoqì de nán hái

gehoorzaam (bn)	听话的	tīnghuà de
ongehoorzaam (bn)	不听话的	bù tīnghuà de
braaf (bn)	温顺的	wēn shùn de
slim (verstandig)	聪明的	cōng ming de
wonderkind (het)	天才儿童	tiān cái ér tóng

57. Gehuwde paren. Gezinsleven

| kussen (een kus geven) | 吻 | wěn |
| elkaar kussen (ww) | 相吻 | xiāng wěn |

gezin (het)	家庭	jiā tíng
gezins- (abn)	家庭的	jiā tíng de
paar (het)	夫妻	fūqī
huwelijk (het)	婚姻	hūn yīn
thuis (het)	家庭	jiā tíng
dynastie (de)	王朝	wáng cháo
date (de)	约会	yuē huì
zoen (de)	吻	wěn
liefde (de)	爱情	ài qíng
liefhebben (ww)	爱	ài
geliefde (bn)	爱人	ài rén
tederheid (de)	温柔	wēn róu
teder (bn)	温柔的	wēn róu de
trouw (de)	忠贞	zhōng zhēn
trouw (bn)	忠贞的	zhōng zhēn de
zorg (bijv. bejaarden~)	关心	guān xīn
zorgzaam (bn)	关心的	guān xīn de
jonggehuwden (mv.)	新婚夫妇	xīn hūn fū fù
wittebroodsweken (mv.)	蜜月	mì yuè
trouwen (vrouw)	结婚	jié hūn
trouwen (man)	结婚	jié hūn
bruiloft (de)	婚礼	hūn lǐ
gouden bruiloft (de)	金婚纪念	jīn hūn jì niàn
verjaardag (de)	周年	zhōu nián
minnaar (de)	情人	qíng rén
minnares (de)	情妇	qíng fù
overspel (het)	通奸	tōng jiān
overspel plegen (ww)	通奸	tōng jiān
jaloers (bn)	吃醋的	chī cù de
jaloers zijn (echtgenoot, enz.)	吃醋	chī cù
echtscheiding (de)	离婚	lí hūn
scheiden (ww)	离婚	lí hūn
ruzie hebben (ww)	吵架	chǎo jià
vrede sluiten (ww)	和解	hé jiě
samen (bw)	一起	yī qǐ
seks (de)	性爱	xìng ài
geluk (het)	幸福	xìng fú
gelukkig (bn)	幸福的	xìng fú de
ongeluk (het)	不幸	bù xìng
ongelukkig (bn)	不幸福的	bù xìng fú de

Karakter. Gevoelens. Emoties

58. Gevoelens. Emoties

gevoel (het)	感情	gǎn qíng
gevoelens (mv.)	感情	gǎn qíng
voelen (ww)	感觉	gǎn jué
honger (de)	饿	è
honger hebben (ww)	饿	è
dorst (de)	渴，口渴	kě, kǒukě
dorst hebben	渴	kě
slaperigheid (de)	睡意	shuì yì
willen slapen	感到困倦	gǎn dào kùn juàn
moeheid (de)	疲劳	pí láo
moe (bn)	疲劳的	pí láo de
vermoeid raken (ww)	疲倦	pí juàn
stemming (de)	心情	xīn qíng
verveling (de)	厌烦	yàn fán
zich vervelen (ww)	过无聊的生活	guòwúliáode shēnghuó
afzondering (de)	隐居	yǐn jū
zich afzonderen (ww)	隐居	yǐn jū
bezorgd maken (ww)	使 … 发愁	shǐ … fā chóu
zich bezorgd maken	担心	dān xīn
zorg (bijv. geld~en)	忧虑	yōu lǜ
ongerustheid (de)	焦虑	jiāo lǜ
ongerust (bn)	忧虑的	yōu lǜ de
zenuwachtig zijn (ww)	紧张	jǐn zhāng
in paniek raken	惊慌	jīng huāng
hoop (de)	希望	xī wàng
hopen (ww)	希望	xī wàng
zekerheid (de)	确定	què dìng
zeker (bn)	确定的	què dìng de
onzekerheid (de)	不确定	bù què dìng
onzeker (bn)	不确定的	bù què dìng de
dronken (bn)	喝醉的	hē zuì de
nuchter (bn)	清醒的	qīng xǐng de
zwak (bn)	体弱	tǐ ruò
gelukkig (bn)	幸运的	xìng yùn de
doen schrikken (ww)	吓唬	xià hu
toorn (de)	暴怒	bào nù
woede (de)	狂怒	kuáng nù
depressie (de)	沮丧	jǔ sàng
ongemak (het)	不方便	bù fāng biàn

gemak, comfort (het)	安逸	ān yì
spijt hebben (ww)	后悔	hòu huǐ
spijt (de)	遗憾	yí hàn
pech (de)	倒霉	dǎo méi
bedroefdheid (de)	悲哀	bēi āi
schaamte (de)	惭愧	cán kuì
pret (de), plezier (het)	欢乐	huān lè
enthousiasme (het)	热情	rè qíng
enthousiasteling (de)	热衷者	rè zhōng zhě
enthousiasme vertonen	表现出热情	biǎoxiàn chū rèqíng

59. Karakter. Persoonlijkheid

karakter (het)	品行	pǐn xíng
karakterfout (de)	缺点	quē diǎn
verstand (het)	头脑	tóunǎo
rede (de)	智力	zhì lì
geweten (het)	良心	liáng xīn
gewoonte (de)	习惯	xí guàn
bekwaamheid (de)	能力	néng lì
kunnen (bijv., ~ zwemmen)	能，会	néng, huì
geduldig (bn)	有耐心的	yǒu nài xīn de
ongeduldig (bn)	不耐烦的	bù nài fán de
nieuwsgierig (bn)	好奇的	hào qí de
nieuwsgierigheid (de)	好奇心	hào qí xīn
bescheidenheid (de)	谦虚	qiān xū
bescheiden (bn)	谦虚的	qiān xū de
onbescheiden (bn)	不谦虚的	bù qiān xū de
luiheid (de)	懒惰	lǎn duò
lui (bn)	懒惰的	lǎn duò de
luiwammes (de)	懒人	lǎn rén
sluwheid (de)	狡猾	jiǎo huá
sluw (bn)	狡猾的	jiǎo huá de
wantrouwen (het)	不信任	bù xìn rèn
wantrouwig (bn)	不信任的	bù xìn rèn de
gulheid (de)	慷慨	kāng kǎi
gul (bn)	慷慨的	kāng kǎi de
talentrijk (bn)	有才能的	yǒu cái néng de
talent (het)	才能	cái néng
moedig (bn)	勇敢的	yǒng gǎn de
moed (de)	勇敢	yǒng gǎn
eerlijk (bn)	诚实的	chéng shí de
eerlijkheid (de)	诚实	chéng shí
voorzichtig (bn)	小心的	xiǎo xīn de
manhaftig (bn)	无畏的	wú wèi de

| ernstig (bn) | 认真的 | rèn zhēn de |
| streng (bn) | 严格的 | yán gé de |

resoluut (bn)	坚决的	jiān jué de
onzeker, irresoluut (bn)	优柔寡断的	yōu róu guǎ duàn de
schuchter (bn)	羞怯的	xiū qiè de
schuchterheid (de)	羞怯	xiū qiè

vertrouwen (het)	信任	xìn rèn
vertrouwen (ww)	信任	xìn rèn
goedgelovig (bn)	轻信的	qīng xìn de

oprecht (bw)	真诚地	zhēn chéng de
oprecht (bn)	真诚的	zhēn chéng de
oprechtheid (de)	真诚	zhēn chéng
open (bn)	开朗的	kāi lǎng de

rustig (bn)	安静的	ān jìng de
openhartig (bn)	坦白的	tǎn bái de
naïef (bn)	天真的	tiān zhēn de
verstrooid (bn)	心不在焉的	xīn bú zài yān de
leuk, grappig (bn)	可笑的	kě xiào de

gierigheid (de)	贪婪	tān lán
gierig (bn)	贪婪的	tān lán de
inhalig (bn)	小气的	xiǎoqìde
kwaad (bn)	凶恶的	xiōng è de
koppig (bn)	固执的	gù zhí de
onaangenaam (bn)	讨厌的	tǎo yàn de

egoïst (de)	自私的人	zì sī de rén
egoïstisch (bn)	自私的	zì sī de
lafaard (de)	懦夫	nuò fū
laf (bn)	怯懦地	qiè nuò de

60. Slaap. Dromen

slapen (ww)	睡觉	shuì jiào
slaap (in ~ vallen)	睡眠	shuì mián
droom (de)	梦	mèng
dromen (in de slaap)	做梦	zuò mèng
slaperig (bn)	瞌睡的	kē shuì de

bed (het)	床	chuáng
matras (de)	床垫	chuáng diàn
deken (de)	羽绒被	yǔ róng bèi
kussen (het)	枕头	zhěn tou
laken (het)	床单	chuáng dān

slapeloosheid (de)	失眠	shī mián
slapeloos (bn)	失眠的	shī mián de
slaapmiddel (het)	安眠药	ān mián yào
slaapmiddel innemen	服安眠药	fú ān mián yào
willen slapen	感到困倦	gǎn dào kùn juàn

geeuwen (ww)	打哈欠	dǎ hā qian
gaan slapen	去睡觉	qù shuì jiào
het bed opmaken	铺床	pū chuáng
inslapen (ww)	睡着	shuì zháo

nachtmerrie (de)	噩梦	è mèng
gesnurk (het)	鼾声	hān shēng
snurken (ww)	打鼾	dǎ hān

wekker (de)	闹钟	nào zhōng
wekken (ww)	叫醒	jiào xǐng
wakker worden (ww)	醒来	xǐng lái
opstaan (ww)	起床	qǐ chuáng
zich wassen (ww)	洗脸	xǐ liǎn

61. Humor. Gelach. Blijdschap

humor (de)	幽默	yōu mò
gevoel (het) voor humor	幽默感	yōu mò gǎn
plezier hebben (ww)	乐趣	lè qù
vrolijk (bn)	欢乐的	huān lè de
pret (de), plezier (het)	欢乐	huān lè

glimlach (de)	笑容	xiào róng
glimlachen (ww)	微笑	wēi xiào
beginnen te lachen (ww)	开始大笑	kāi shǐ dà xiào
lachen (ww)	笑	xiào
lach (de)	笑	xiào

mop (de)	趣闻	qù wén
grappig (een ~ verhaal)	好笑的	hǎo xiào de
grappig (~e clown)	可笑的	kě xiào de

grappen maken (ww)	开玩笑	kāi wán xiào
grap (de)	笑话	xiào huà
blijheid (de)	欢欣	huān xīn
blij zijn (ww)	高兴	gāo xìng
blij (bn)	高兴的	gāo xìng de

62. Discussie, conversatie. Deel 1

| communicatie (de) | 交往 | jiāo wǎng |
| communiceren (ww) | 沟通 | gōu tōng |

conversatie (de)	谈话	tán huà
dialoog (de)	对话	duì huà
discussie (de)	讨论	tǎo lùn
debat (het)	争论	zhēng lùn
debatteren, twisten (ww)	争论	zhēng lùn

| gesprekspartner (de) | 对话者 | duì huà zhě |
| thema (het) | 话题 | huà tí |

standpunt (het)	观点	guān diǎn
mening (de)	见解	jiàn jiě
toespraak (de)	发言	fā yán

bespreking (de)	谈论	tán lùn
bespreken (spreken over)	讨论	tǎo lùn
gesprek (het)	谈话	tán huà
spreken (converseren)	谈话	tán huà
ontmoeting (de)	会	huì
ontmoeten (ww)	见面	jiàn miàn

spreekwoord (het)	谚语	yàn yǔ
gezegde (het)	俗语	sú yǔ
raadsel (het)	谜语	mí yǔ
een raadsel opgeven	给 … 出谜语	gěi … chū mí yǔ
wachtwoord (het)	口令	kǒu lìng
geheim (het)	秘密	mì mì

eed (de)	誓言	shì yán
zweren (een eed doen)	发誓	fā shì
belofte (de)	诺言	nuò yán
beloven (ww)	承诺	chéng nuò

advies (het)	建议	jià nyì
adviseren (ww)	建议	jià nyì
luisteren (gehoorzamen)	听话	tīng huà

nieuws (het)	新闻	xīn wén
sensatie (de)	轰动	hōng dòng
informatie (de)	消息	xiāo xi
conclusie (de)	结论	jié lùn
stem (de)	声音	shēng yīn
compliment (het)	恭维	gōng wei
vriendelijk (bn)	慈祥的	cí xiáng de

woord (het)	字，单词	zì, dāncí
zin (de), zinsdeel (het)	短语	duǎn yǔ
antwoord (het)	答案	dá àn

| waarheid (de) | 实话 | shí huà |
| leugen (de) | 谎言 | huǎng yán |

| gedachte (de) | 念头 | niàn tou |
| fantasie (de) | 虚构 | xū gòu |

63. Discussie, conversatie. Deel 2

gerespecteerd (bn)	尊敬的	zūn jìng de
respecteren (ww)	尊敬	zūn jìng
respect (het)	尊敬	zūn jìng
Geachte … (brief)	亲爱的	qīn ài de

| kennismaken (met …) | 相识 | xiāng shí |
| intentie (de) | 意向 | yì xiàng |

intentie hebben (ww)	打算	dǎ suàn
wens (de)	祝愿	zhù yuàn
wensen (ww)	祝	zhù

verbazing (de)	惊讶	jīng yà
verbazen (verwonderen)	使惊讶	shǐ jīng yà
verbaasd zijn (ww)	吃惊	chī jīng

geven (ww)	给	gěi
nemen (ww)	拿	ná
teruggeven (ww)	归还	guī huán
retourneren (ww)	归还	guī huán

zich verontschuldigen	道歉	dào qiàn
verontschuldiging (de)	道歉	dào qiàn
vergeven (ww)	原谅	yuán liàng

spreken (ww)	谈话	tán huà
luisteren (ww)	听	tīng
aanhoren (ww)	听完	tīng wán
begrijpen (ww)	明白	míng bai

tonen (ww)	展示	zhǎn shì
kijken naar ...	看	kàn
roepen (vragen te komen)	叫	jiào
storen (lastigvallen)	打扰	dǎ rǎo
doorgeven (ww)	递	dì

verzoek (het)	请求	qǐng qiú
verzoeken (ww)	求	qiú
eis (de)	要求	yāo qiú
eisen (met klem vragen)	要求	yāo qiú

beledigen (beledigende namen geven)	戏弄	xì nòng
uitlachen (ww)	嘲笑	cháo xiào
spot (de)	笑柄	xiào bǐng
bijnaam (de)	绰号	chuò hào

zinspeling (de)	暗示	àn shì
zinspelen (ww)	暗示	àn shì
impliceren (duiden op)	意思	yì si

beschrijving (de)	描述	miáo shù
beschrijven (ww)	描写	miáo xiě
lof (de)	称赞	chēng zàn
loven (ww)	称赞	chēng zàn

teleurstelling (de)	失望	shī wàng
teleurstellen (ww)	使失望	shǐ shī wàng
teleurgesteld zijn (ww)	失望	shī wàng

veronderstelling (de)	假设	jiǎ shè
veronderstellen (ww)	假设	jiǎ shè
waarschuwing (de)	警告	jīng gào
waarschuwen (ww)	警告	jīng gào

64. Discussie, conversatie. Deel 3

aanpraten (ww)	说服	shuō fú
kalmeren (kalm maken)	使 ··· 放心	shǐ ... fàngxīn
stilte (de)	沉默	chén mò
zwijgen (ww)	沉默	chén mò
fluisteren (ww)	耳语	ěr yǔ
gefluister (het)	耳语	ěr yǔ
open, eerlijk (bw)	坦白地讲	tǎn bái de jiǎng
volgens mij ...	在我看来	zài wǒ kànlai
detail (het)	细节	xì jié
gedetailleerd (bn)	详细的	xiáng xì de
gedetailleerd (bw)	详细地	xiáng xì de
hint (de)	提示, 暗示	tíshì, ànshì
een hint geven	暗示	àn shì
blik (de)	表情	biǎo qíng
een kijkje nemen	看一看	kàn yī kàn
strak (een ~ke blik)	呆滞的眼光	dāizhìde yǎnguāng
knipperen (ww)	眨	zhǎ
knipogen (ww)	眨眼	zhǎ yǎn
knikken (ww)	点头	diǎn tóu
zucht (de)	叹息	tàn xī
zuchten (ww)	叹气	tàn qì
huiveren (ww)	战栗	zhàn lì
gebaar (het)	手势	shǒu shì
aanraken (ww)	摸	mō
grijpen (ww)	抓住	zhuā zhù
een schouderklopje geven	轻拍	qīng pāi
Kijk uit!	小心!	xiǎo xīn!
Echt?	真的?	zhēn de?
Succes!	祝你好运!	zhù nǐ hǎo yùn!
Juist, ja!	明白了!	míng bai le!
Wat jammer!	可惜!	kě xī!

65. Overeenstemming. Weigering

instemming (het)	同意	tóng yì
instemmen (akkoord gaan)	同意	tóng yì
goedkeuring (de)	批准	pī zhǔn
goedkeuren (ww)	批准	pī zhǔn
weigering (de)	拒绝	jù jué
weigeren (ww)	拒绝	jù jué
Geweldig!	太好了	tài hǎo le
Goed!	好吧!	hǎo ba!
Akkoord!	同意!	tóng yì!
verboden (bn)	被禁止的	bèi jìn zhǐ de

het is verboden	不许	bù xǔ
het is onmogelijk	它是不可能的	tā shì bù kě néng de
onjuist (bn)	错的	cuò de

afwijzen (ww)	拒绝	jù jué
steunen	支持	zhī chí
(een goed doel, enz.)		
aanvaarden (excuses ~)	接受	jiē shòu

bevestigen (ww)	证明	zhèng míng
bevestiging (de)	证明	zhèng míng
toestemming (de)	允许	yǔn xǔ
toestaan (ww)	允许	yǔn xǔ
beslissing (de)	决定	jué dìng
z'n mond houden (ww)	不作声	bù zuò shēng

voorwaarde (de)	条件	tiáo jiàn
smoes (de)	借口	jiè kǒu
lof (de)	称赞	chēng zàn
loven (ww)	称赞	chēng zàn

66. Succes. Veel geluk. Mislukking

succes (het)	成功	chéng gōng
succesvol (bw)	成功地	chéng gōng de
succesvol (bn)	成功的	chéng gōng de
geluk (het)	幸运	xìng yùn
Succes!	祝你好运!	zhù nǐ hǎo yùn!
geluks- (bn)	幸运的	xìng yùn de
gelukkig (fortuinlijk)	成功的	chéng gōng de

mislukking (de)	失败	shī bài
tegenslag (de)	失败	shī bài
pech (de)	倒霉	dǎo méi
zonder succes (bn)	不成功的	bù chéng gōng de
catastrofe (de)	大灾难	dà zāi nàn

fierheid (de)	自尊心	zì zūn xīn
fier (bn)	自豪的	zì háo de
fier zijn (ww)	自豪	zì háo

winnaar (de)	胜利者	shèng lì zhě
winnen (ww)	赢, 获胜	yíng, huò shèng
verliezen (ww)	输掉	shū diào
poging (de)	尝试	cháng shì
pogen, proberen (ww)	试图	shì tú
kans (de)	良机	liáng jī

67. Ruzies. Negatieve emoties

| schreeuw (de) | 喊声 | hǎn shēng |
| schreeuwen (ww) | 叫喊 | jiào hǎn |

beginnen te schreeuwen	喊叫起来	hǎn jiào qǐ lai
ruzie (de)	吵架	chǎo jià
ruzie hebben (ww)	吵架	chǎo jià
schandaal (het)	争吵	zhēng chǎo
schandaal maken (ww)	争吵	zhēng chǎo
conflict (het)	冲突	chōng tū
misverstand (het)	误解，曲解	wù jiě, qū jiě
belediging (de)	侮辱	wǔ rǔ
beledigen	侮辱	wǔ rǔ
(met scheldwoorden)		
beledigd (bn)	受辱的	shòu rǔ de
krenking (de)	冒犯	mào fàn
krenken (beledigen)	得罪	dé zui
gekwetst worden (ww)	生气	shēng qì
verontwaardiging (de)	愤慨	fèn kǎi
verontwaardigd zijn (ww)	气愤	qì fèn
klacht (de)	抱怨	bào yuàn
klagen (ww)	抱怨	bào yuàn
verontschuldiging (de)	道歉	dào qiàn
zich verontschuldigen	道歉	dào qiàn
excuus vragen	请原谅	qǐng yuán liàng
kritiek (de)	批评	pī píng
bekritiseren (ww)	批评	pī píng
beschuldiging (de)	指责	zhǐ zé
beschuldigen (ww)	指责	zhǐ zé
wraak (de)	报仇	bào chóu
wreken (ww)	报 … 之仇	bào … zhī chóu
wraak nemen (ww)	报复	bào fù
minachting (de)	轻视	qīng shì
minachten (ww)	看不起	kàn bu qǐ
haat (de)	憎恨	zēng hèn
haten (ww)	憎恨	zēng hèn
zenuwachtig (bn)	紧张的	jǐn zhāng de
zenuwachtig zijn (ww)	紧张	jǐn zhāng
boos (bn)	生气的	shēng qì de
boos maken (ww)	使 … 生气	shǐ … shēng qì
vernederen (ww)	损害尊严	sǔnhài zūnyán
zich vernederen (ww)	损害自己的尊严	sǔnhài zìjǐ de zūnyán
schok (de)	震惊	zhèn jīng
schokken (ww)	使震惊	shǐ zhèn jīng
vrees (de)	恐惧	kǒng jù
vreselijk (bijv. ~ onweer)	糟糕的	zāo gāo de
eng (bn)	可怕的	kě pà de
gruwel (de)	恐怖	kǒng bù
vreselijk (~ nieuws)	恐怖的	kǒng bù de
huilen (wenen)	哭	kū

beginnen te huilen (wenen)	开始哭	kāi shǐ kū
traan (de)	眼泪	yǎn lèi
schuld (~ geven aan)	过错	guò cuò
schuldgevoel (het)	负罪感	fù zuì gǎn
schande (de)	羞辱	xiū rǔ
protest (het)	抗议	kàng yì
stress (de)	压力	yā lì
storen (lastigvallen)	打扰	dǎ rǎo
kwaad zijn (ww)	生气	shēng qì
kwaad (bn)	生气的	shēng qì de
beëindigen (een relatie ~)	终止	zhōng zhǐ
vloeken (ww)	吵架	chǎo jià
schrikken (schrik krijgen)	害怕	hài pà
slaan (iemand ~)	打，击	dǎ, jī
vechten (ww)	打架	dǎ jià
regelen (conflict)	解决	jiě jué
ontevreden (bn)	不满意的	bù mǎn yì de
woedend (bn)	暴怒的	bào nù de
Dat is niet goed!	这样不好!	zhèyàng bùhǎo!
Dat is slecht!	这样不好!	zhèyàng bùhǎo!

Geneeskunde

68. Ziekten

ziekte (de)	病	bìng
ziek zijn (ww)	生病	shēng bìng
gezondheid (de)	健康	jiàn kāng
snotneus (de)	流鼻涕	liú bí tì
angina (de)	扁桃体炎	biǎn táo tǐ yán
verkoudheid (de)	感冒	gǎn mào
verkouden raken (ww)	感冒	gǎn mào
bronchitis (de)	支气管炎	zhī qì guǎn yán
longontsteking (de)	肺炎	fèi yán
griep (de)	流感	liú gǎn
bijziend (bn)	近视的	jìn shì de
verziend (bn)	远视的	yuǎn shì de
scheelheid (de)	斜眼	xié yǎn
scheel (bn)	对眼的	duì yǎn de
grauwe staar (de)	白内障	bái nèi zhàng
glaucoom (het)	青光眼	qīng guāng yǎn
beroerte (de)	中风	zhòng fēng
hartinfarct (het)	梗塞	gěng sè
myocardiaal infarct (het)	心肌梗塞	xīn jī gěng sè
verlamming (de)	麻痹	má bì
verlammen (ww)	使 … 麻痹	shǐ … má bì
allergie (de)	过敏	guò mǐn
astma (de/het)	哮喘	xiāo chuǎn
diabetes (de)	糖尿病	táng niào bìng
tandpijn (de)	牙痛	yá tòng
tandbederf (het)	龋齿	qǔ chǐ
diarree (de)	腹泻	fù xiè
constipatie (de)	便秘	biàn bì
maagstoornis (de)	饮食失调	yǐn shí shī tiáo
voedselvergiftiging (de)	食物中毒	shí wù zhòng dú
voedselvergiftiging oplopen	中毒	zhòng dú
artritis (de)	关节炎	guān jié yán
rachitis (de)	佝偻病	kòu lóu bìng
reuma (het)	风湿	fēng shī
arteriosclerose (de)	动脉粥样硬化	dòng mài zhōu yàng yìng huà
gastritis (de)	胃炎	wèi yán
blindedarmontsteking (de)	阑尾炎	lán wěi yán

| galblaasontsteking (de) | 胆囊炎 | dǎn nán gyán |
| zweer (de) | 溃疡 | kuì yáng |

mazelen (mv.)	麻疹	má zhěn
rodehond (de)	风疹	fēng zhěn
geelzucht (de)	黄疸	huáng dǎn
leverontsteking (de)	肝炎	gān yán

schizofrenie (de)	精神分裂 症	jīngshen fēnliè zhèng
dolheid (de)	狂犬病	kuáng quǎn bìng
neurose (de)	神经症	shén jīng zhèng
hersenschudding (de)	脑震荡	nǎo zhèn dàng

kanker (de)	癌症	ái zhèng
sclerose (de)	硬化	yìng huà
multiple sclerose (de)	多发性硬化症	duō fā xìng yìng huà zhèng

alcoholisme (het)	酗酒	xù jiǔ
alcoholicus (de)	酗酒者	xù jiǔ zhě
syfilis (de)	梅毒	méi dú
AIDS (de)	艾滋病	ài zī bìng

tumor (de)	肿瘤	zhǒng liú
koorts (de)	发烧	fā shāo
malaria (de)	疟疾	nuè ji
gangreen (het)	坏疽	huài jū
zeeziekte (de)	晕船	yùn chuán
epilepsie (de)	癫痫	diān xián

epidemie (de)	流行病	liú xíng bìng
tyfus (de)	斑疹伤寒	bān zhěn shāng hán
tuberculose (de)	结核病	jié hé bìng
cholera (de)	霍乱	huò luàn
pest (de)	瘟疫	wēn yì

69. Symptomen. Behandelingen. Deel 1

symptoom (het)	症状	zhèng zhuàng
temperatuur (de)	体温	tǐ wēn
verhoogde temperatuur (de)	发热	fā rè
polsslag (de)	脉搏	mài bó

duizeling (de)	眩晕	xuàn yùn
heet (erg warm)	热	rè
koude rillingen (mv.)	颤抖	chàn dǒu
bleek (bn)	苍白的	cāng bái de

hoest (de)	咳嗽	ké sou
hoesten (ww)	咳，咳嗽	ké, ké sou
niezen (ww)	打喷嚏	dǎ pēn tì
flauwte (de)	晕倒	yūn dǎo
flauwvallen (ww)	晕倒	yūn dǎo
blauwe plek (de)	青伤痕	qīng shāng hén
buil (de)	包	bāo

zich stoten (ww)	擦伤	cā shāng
kneuzing (de)	擦伤	cā shāng
kneuzen (gekneusd zijn)	瘀伤	yū shāng
hinken (ww)	跛行	bǒ xíng
verstuiking (de)	脱位	tuō wèi
verstuiken (enkel, enz.)	使 ⋯ 脱位	shǐ … tuō wèi
breuk (de)	骨折	gǔ zhé
een breuk oplopen	弄骨折	nòng gǔzhé
snijwond (de)	伤口	shāng kǒu
zich snijden (ww)	割破	gē pò
bloeding (de)	流血	liú xuè
brandwond (de)	烧伤	shāo shāng
zich branden (ww)	烧伤	shāo shāng
prikken (ww)	扎破	zhā pò
zich prikken (ww)	扎伤	zhā shāng
blesseren (ww)	损伤	sǔn shāng
blessure (letsel)	损伤	sǔn shāng
wond (de)	伤口	shāng kǒu
trauma (het)	外伤	wài shāng
IJlen (ww)	说胡话	shuō hú huà
stotteren (ww)	口吃	kǒu chī
zonnesteek (de)	中暑	zhòng shǔ

70. Symptomen. Behandelingen. Deel 2

pijn (de)	痛	tòng
splinter (de)	木刺	mù cì
zweet (het)	汗	hàn
zweten (ww)	出汗	chū hàn
braking (de)	呕吐	ǒu tù
stuiptrekkingen (mv.)	抽搐	chōu chù
zwanger (bn)	怀孕的	huái yùn de
geboren worden (ww)	出生	chū shēng
geboorte (de)	生产，分娩	shēngchǎn, fēnmiǎn
baren (ww)	生，分娩	shēng, fēnmiǎn
abortus (de)	人工流产	rén gōng liú chǎn
ademhaling (de)	呼吸	hū xī
inademing (de)	吸	xī
uitademing (de)	呼气	hū qì
uitademen (ww)	呼出	hū chū
inademen (ww)	吸入	xī rù
invalide (de)	残疾人	cán jí rén
gehandicapte (de)	残疾人	cán jí rén
drugsverslaafde (de)	吸毒者	xī dú zhě
doof (bn)	聋的	lóng de

stom (bn)	哑的	yǎ de
doofstom (bn)	聋哑的	lóng yǎ de

krankzinnig (bn)	精神失常的	jīngshen shī cháng de
krankzinnige (man)	疯子	fēng zi
krankzinnige (vrouw)	疯子	fēng zi
krankzinnig worden	发疯	fā fēng

gen (het)	基因	jī yīn
immuniteit (de)	免疫力	miǎn yì lì
erfelijk (bn)	遗传的	yí chuán de
aangeboren (bn)	天生的	tiān shēng de

virus (het)	病毒	bìng dú
microbe (de)	微生物	wēi shēng wù
bacterie (de)	细菌	xì jūn
infectie (de)	传染	chuán rǎn

71. Symptomen. Behandelingen. Deel 3

ziekenhuis (het)	医院	yī yuàn
patiënt (de)	病人	bìng rén

diagnose (de)	诊断	zhěn duàn
genezing (de)	治疗	zhì liáo
medische behandeling (de)	治疗	zhì liáo
onder behandeling zijn	治病	zhì bìng
behandelen (ww)	治疗	zhì liáo
zorgen (zieken ~)	看护	kān hù
ziekenzorg (de)	护理	hùlǐ

operatie (de)	手术	shǒu shù
verbinden (een arm ~)	用绷带包扎	yòng bēngdài bāozā
verband (het)	绷带法	bēngdài fǎ

vaccin (het)	疫苗	yìmiáo
inenten (vaccineren)	给 ··· 接种疫苗	gěi … jiē zhòng yì miáo
injectie (de)	注射	zhù shè
een injectie geven	打针	dǎ zhēn

aanval (de)	发作	fāzuò
amputatie (de)	截肢	jié zhī
amputeren (ww)	截肢	jié zhī
coma (het)	昏迷	hūn mí
in coma liggen	昏迷	hūn mí
intensieve zorg, ICU (de)	重症监护室	zhòng zhēng jiàn hù shì

zich herstellen (ww)	复原	fù yuán
toestand (de)	状态	zhuàng tài
bewustzijn (het)	知觉	zhī jué
geheugen (het)	记忆力	jì yì lì

trekken (een kies ~)	拔牙	bá yá
vulling (de)	补牙	bǔ yá

vullen (ww)	补牙	bǔ yá
hypnose (de)	催眠	cuī mián
hypnotiseren (ww)	催眠	cuī mián

72. Artsen

dokter, arts (de)	医生	yīshēng
ziekenzuster (de)	护士	hù shi
lijfarts (de)	私人医生	sī rén yīshēng
tandarts (de)	牙科医生	yá kē yīshēng
oogarts (de)	眼科医生	yǎn kē yīshēng
therapeut (de)	内科医生	nèi kē yīshēng
chirurg (de)	外科医生	wài kē yīshēng
psychiater (de)	精神病医生	jīng shén bìng yīshēng
pediater (de)	儿科医生	ér kē yīshēng
psycholoog (de)	心理学家	xīn lǐ xué jiā
gynaecoloog (de)	妇科医生	fù kē yīshēng
cardioloog (de)	心脏病专家	xīn zàng bìng zhuān jiā

73. Geneeskunde. Medicijnen. Accessoires

geneesmiddel (het)	药	yào
middel (het)	药剂	yào jì
voorschrijven (ww)	开药方	kāi yào fāng
recept (het)	药方	yào fāng
tablet (de/het)	药片	yào piàn
zalf (de)	药膏	yào gāo
ampul (de)	安瓿	ān bù
drank (de)	药水	yào shuǐ
siroop (de)	糖浆	táng jiāng
pil (de)	药丸	yào wán
poeder (de/het)	药粉	yào fěn
verband (het)	绷带	bēngdài
watten (mv.)	药棉	yào mián
jodium (het)	碘酒	diǎn jiǔ
pleister (de)	橡皮膏	xiàng pí gāo
pipet (de)	滴管	dī guǎn
thermometer (de)	体温表	tǐ wēn biǎo
spuit (de)	注射器	zhù shè qì
rolstoel (de)	轮椅	lú nyǐ
krukken (mv.)	拐杖	guǎi zhàng
pijnstiller (de)	止痛药	zhǐ tòng yào
laxeermiddel (het)	泻药	xiè yào
spiritus (de)	酒精	jiǔ jīng
medicinale kruiden (mv.)	药草	yào cǎo
kruiden- (abn)	草药的	cǎo yào de

74. Roken. Tabaksproducten

tabak (de)	烟叶	yān yè
sigaret (de)	香烟	xiāng yān
sigaar (de)	雪茄烟	xuě jiā yān
pijp (de)	烟斗	yān dǒu
pakje (~ sigaretten)	包，盒	bāo, hé
lucifers (mv.)	火柴	huǒ chái
luciferdoosje (het)	火柴盒	huǒ chái hé
aansteker (de)	打火机	dǎ huǒ jī
asbak (de)	烟灰缸	yān huī gāng
sigarettendoosje (het)	烟盒	yān hé
sigarettenpijpje (het)	香烟烟嘴	xiāng yān yān zuǐ
filter (de/het)	滤嘴	lǜ zuǐ
roken (ww)	抽烟	chōu yān
een sigaret opsteken	点根烟	diǎn gēn yān
roken (het)	吸烟	xī yān
roker (de)	吸烟者	xī yān zhě
peuk (de)	烟头	yān tóu
rook (de)	烟	yān
as (de)	烟灰	yān huī

HET MENSELIJKE LEEFGEBIED

Stad

75. Stad. Het leven in de stad

stad (de)	城市	chéng shì
hoofdstad (de)	首都	shǒu dū
dorp (het)	村庄	cūn zhuāng
plattegrond (de)	城市地图	chéng shì dìtú
centrum (ov. een stad)	城市中心	chéng shì zhōngxīn
voorstad (de)	郊区	jiāo qū
voorstads- (abn)	郊区的	jiāo qū de
randgemeente (de)	郊区	jiāo qū
omgeving (de)	周围地区	zhōuwéi dì qū
blok (huizenblok)	街区	jiē qū
woonwijk (de)	住宅区	zhù zhái qū
verkeer (het)	交通	jiāo tōng
verkeerslicht (het)	红绿灯	hóng lǜ dēng
openbaar vervoer (het)	公共交通	gōng gòng jiāo tōng
kruispunt (het)	十字路口	shí zì lù kǒu
zebrapad (oversteekplaats)	人行横道	rén xíng héng dào
onderdoorgang (de)	人行地道	rén xíng dìdào
oversteken (de straat ~)	穿马路	chuān mǎ lù
voetganger (de)	行人	xíng rén
trottoir (het)	人行道	rén xíng dào
brug (de)	桥	qiáo
dijk (de)	堤岸	dī àn
fontein (de)	喷泉	pēn quán
allee (de)	小巷	xiǎo xiàng
park (het)	公园	gōng yuán
boulevard (de)	林荫大道	lín yìn dàdào
plein (het)	广场	guǎng chǎng
laan (de)	大街	dàjiē
straat (de)	路	lù
zijstraat (de)	胡同	hú tòng
doodlopende straat (de)	死胡同	sǐ hú tòng
huis (het)	房子	fáng zi
gebouw (het)	楼房，大厦	lóufáng, dàshà
wolkenkrabber (de)	摩天大楼	mó tiān dà lóu
gevel (de)	正面	zhèng miàn
dak (het)	房顶	fáng dǐng

venster (het)	窗户	chuāng hu
boog (de)	拱门	gǒng mén
pilaar (de)	柱	zhù
hoek (ov. een gebouw)	拐角	guǎi jiǎo

vitrine (de)	商店橱窗	shāng diàn chú chuāng
gevelreclame (de)	招牌	zhāo pái
affiche (de/het)	海报	hǎi bào
reclameposter (de)	广告画	guǎnggào huà
aanplakbord (het)	广告牌	guǎnggào pái

vuilnis (de/het)	垃圾	lā jī
vuilnisbak (de)	垃圾桶	lā jī tǒng
afval weggooien (ww)	乱扔	luàn rēng
stortplaats (de)	垃圾堆	lājī duī

telefooncel (de)	电话亭	diàn huà tíng
straatlicht (het)	路灯	lù dēng
bank (de)	长椅	chángyǐ

politieagent (de)	警察	jǐng chá
politie (de)	警察	jǐng chá
zwerver (de)	乞丐	qǐgài

76. Stedelijke instellingen

winkel (de)	商店	shāng diàn
apotheek (de)	药房	yào fáng
optiek (de)	眼镜店	yǎn jìng diàn
winkelcentrum (het)	百货商店	bǎihuò shāngdiàn
supermarkt (de)	超市	chāo shì

bakkerij (de)	面包店	miànbāo diàn
bakker (de)	面包师	miànbāo shī
banketbakkerij (de)	糖果店	tángguǒ diàn
slagerij (de)	肉铺	ròu pù

| groentewinkel (de) | 水果店 | shuǐ guǒ diàn |
| markt (de) | 市场 | shì chǎng |

koffiehuis (het)	咖啡馆	kāfēi guǎn
restaurant (het)	饭馆	fàn guǎn
bar (de)	酒吧	jiǔ bā
pizzeria (de)	比萨饼店	bǐ sà bǐng diàn

kapperssalon (de/het)	理发店	lǐ fà diàn
postkantoor (het)	邮局	yóu jú
stomerij (de)	干洗店	gān xǐ diàn
fotostudio (de)	照相馆	zhào xiàng guǎn

schoenwinkel (de)	鞋店	xié diàn
boekhandel (de)	书店	shū diàn
sportwinkel (de)	体育用品店	tǐ yù yòng pǐn diàn
kledingreparatie (de)	修衣服店	xiū yī fu diàn

| kledingverhuur (de) | 服装出租 | fú zhuāng chū zū |
| videotheek (de) | DVD出租店 | diwidi chūzūdiàn |

circus (de/het)	马戏团	mǎ xì tuán
dierentuin (de)	动物园	dòng wù yuán
bioscoop (de)	电影院	diànyǐng yuàn
museum (het)	博物馆	bó wù guǎn
bibliotheek (de)	图书馆	tú shū guǎn

theater (het)	剧院	jù yuàn
opera (de)	歌剧院	gē jù yuàn
nachtclub (de)	夜总会	yè zǒng huì
casino (het)	赌场	dǔ chǎng

moskee (de)	清真寺	qīng zhēn sì
synagoge (de)	犹太教堂	yóu tài jiào táng
kathedraal (de)	大教堂	dà jiào táng
tempel (de)	庙宇，教堂	miào yǔ, jiào táng
kerk (de)	教堂	jiào táng

instituut (het)	学院	xué yuàn
universiteit (de)	大学	dà xué
school (de)	学校	xué xiào

stadhuis (het)	市政厅	shì zhèng tīng
hotel (het)	酒店	jiǔ diàn
bank (de)	银行	yín háng

ambassade (de)	大使馆	dà shǐ guǎn
reisbureau (het)	旅行社	lǚ xíng shè
informatieloket (het)	问询处	wèn xún chù
wisselkantoor (het)	货币兑换处	huòbì duì huàn chù

| metro (de) | 地铁 | dì tiě |
| ziekenhuis (het) | 医院 | yī yuàn |

| benzinestation (het) | 加油站 | jiā yóu zhàn |
| parking (de) | 停车场 | tíng chē cháng |

77. Stedelijk vervoer

bus, autobus (de)	公共汽车	gōnggòng qìchē
tram (de)	电车	diànchē
trolleybus (de)	无轨电车	wúguǐ diànchē
route (de)	路线	lù xiàn
nummer (busnummer, enz.)	号	hào

rijden met ...	… 去	… qù
stappen (in de bus ~)	上车	shàng chē
afstappen (ww)	下车	xià chē

halte (de)	车站	chē zhàn
volgende halte (de)	下一站	xià yī zhàn
eindpunt (het)	终点站	zhōng diǎn zhàn

| dienstregeling (de) | 时刻表 | shí kè biǎo |
| wachten (ww) | 等 | děng |

| kaartje (het) | 票 | piào |
| reiskosten (de) | 票价 | piào jià |

kassier (de)	出纳	chū nà
kaartcontrole (de)	查验车票	chá yàn chē piào
controleur (de)	售票员	shòu piào yuán

te laat zijn (ww)	误点	wù diǎn
missen (de bus ~)	未赶上	wèi gǎn shàng
zich haasten (ww)	急忙	jí máng

taxi (de)	出租车	chūzūchē
taxichauffeur (de)	出租车司机	chūzūchē sī jī
met de taxi (bw)	乘出租车	chéng chūzūchē
taxistandplaats (de)	出租车站	chūzūchē zhàn
een taxi bestellen	叫计程车	jiào jì chéng chē
een taxi nemen	乘出租车	chéng chūzūchē

verkeer (het)	交通	jiāo tōng
file (de)	堵车	dǔ chē
spitsuur (het)	高峰 时间	gāo fēng shí jiān
parkeren (on.ww.)	停放	tíng fàng
parkeren (ov.ww.)	停放	tíng fàng
parking (de)	停车场	tíng chē cháng

metro (de)	地铁	dì tiě
halte (bijv. kleine treinhalte)	站	zhàn
de metro nemen	坐地铁	zuò dì tiě
trein (de)	火车	huǒ chē
station (treinstation)	火车站	huǒ chē zhàn

78. Bezienswaardigheden

monument (het)	纪念像	jì niàn xiàng
vesting (de)	堡垒	bǎo lěi
paleis (het)	宫殿	gōng diàn
kasteel (het)	城堡	chéng bǎo
toren (de)	塔	tǎ
mausoleum (het)	陵墓	líng mù

architectuur (de)	建筑	jiàn zhù
middeleeuws (bn)	中世纪的	zhōng shì jì de
oud (bn)	古老的	gǔ lǎo de
nationaal (bn)	国家，国民	guó jiā, guó mín
bekend (bn)	有名的	yǒu míng de

toerist (de)	旅行者	lǚ xíng zhě
gids (de)	导游	dǎo yóu
rondleiding (de)	游览	yóu lǎn
tonen (ww)	把 … 给 … 看	bǎ … gěi … kàn
vertellen (ww)	讲	jiǎng

vinden (ww)	找到	zhǎo dào
verdwalen (de weg kwijt zijn)	迷路	mí lù
plattegrond (~ van de metro)	地图	dì tú
plattegrond (~ van de stad)	地图	dì tú
souvenir (het)	纪念品	jì niàn pǐn
souvenirwinkel (de)	礼品店	lǐ pǐn diàn
een foto maken (ww)	拍照	pāi zhào
zich laten fotograferen	拍照	pāi zhào

79. Winkelen

kopen (ww)	买，购买	mǎi, gòu mǎi
aankoop (de)	购买	gòu mǎi
winkelen (ww)	去买东西	qù mǎi dōng xi
winkelen (het)	购物	gòu wù
open zijn (ov. een winkel, enz.)	营业	yíng yè
gesloten zijn (ww)	关门	guān mén
schoeisel (het)	鞋类	xié lèi
kleren (mv.)	服装	fú zhuāng
cosmetica (de)	化妆品	huà zhuāng pǐn
voedingswaren (mv.)	食品	shí pǐn
geschenk (het)	礼物	lǐ wù
verkoper (de)	售货员	shòu huò yuán
verkoopster (de)	女售货员	nǚ shòuhuò yuán
kassa (de)	收银台	shōu yín tái
spiegel (de)	镜子	jìng zi
toonbank (de)	柜台	guì tái
paskamer (de)	试衣间	shì yī jiān
aanpassen (ww)	试穿	shì chuān
passen (ov. kleren)	合适	hé shì
bevallen (prettig vinden)	喜欢	xǐ huan
prijs (de)	价格	jià gé
prijskaartje (het)	价格标签	jià gé biāo qiān
kosten (ww)	价钱为	jià qian wèi
Hoeveel?	多少钱?	duōshao qián?
korting (de)	折扣	zhé kòu
niet duur (bn)	不贵的	bù guì de
goedkoop (bn)	便宜的	pián yi de
duur (bn)	贵的	guì de
Dat is duur.	这个太贵	zhège tàiguì
verhuur (de)	出租	chū zū
huren (smoking, enz.)	租用	zū yòng
krediet (het)	赊购	shē gòu
op krediet (bw)	赊欠	shē qiàn

80. Geld

geld (het)	钱，货币	qián, huòbì
ruil (de)	兑换	duì huàn
koers (de)	汇率	huì lǜ
geldautomaat (de)	自动取款机	zì dòng qǔ kuǎn jī
muntstuk (de)	硬币	yìngbì
dollar (de)	美元	měi yuán
euro (de)	欧元	ōu yuán
lire (de)	里拉	lǐ lā
Duitse mark (de)	德国马克	dé guó mǎ kè
frank (de)	法郎	fǎ láng
pond sterling (het)	英镑	yīng bàng
yen (de)	日元	rì yuán
schuld (geldbedrag)	债务	zhài wù
schuldenaar (de)	债务人	zhài wù rén
uitlenen (ww)	借给	jiè gěi
lenen (geld ~)	借	jiè
bank (de)	银行	yín háng
bankrekening (de)	账户	zhànghù
op rekening storten	存款	cún kuǎn
opnemen (ww)	提取	tí qǔ
kredietkaart (de)	信用卡	xìn yòng kǎ
baar geld (het)	现金	xiàn jīn
cheque (de)	支票	zhī piào
een cheque uitschrijven	开支票	kāi zhī piào
chequeboekje (het)	支票本	zhīpiào běn
portefeuille (de)	钱包	qián bāo
geldbeugel (de)	零钱包	líng qián bāo
portemonnee (de)	钱夹	qián jiā
safe (de)	保险柜	bǎo xiǎn guì
erfgenaam (de)	继承人	jì chéng rén
erfenis (de)	遗产	yí chǎn
fortuin (het)	财产，财富	cáichǎn, cáifù
huur (de)	租赁	zū lìn
huurprijs (de)	租金	zū jīn
huren (huis, kamer)	租房	zū fáng
prijs (de)	价格	jià gé
kostprijs (de)	价钱	jià qian
som (de)	金额	jīn é
uitgeven (geld besteden)	花	huā
kosten (mv.)	花费	huā fèi
bezuinigen (ww)	节省	jié shěng
zuinig (bn)	节约的	jié yuē de
betalen (ww)	付，支付	fù, zhī fù

| betaling (de) | 酬金 | chóu jīn |
| wisselgeld (het) | 零钱 | líng qián |

belasting (de)	税，税款	shuì, shuì kuǎn
boete (de)	罚款	fá kuǎn
beboeten (bekeuren)	罚款	fá kuǎn

81. Post. Postkantoor

postkantoor (het)	邮局	yóu jú
post (de)	邮件	yóu jiàn
postbode (de)	邮递员	yóu dì yuán
openingsuren (mv.)	营业时间	yíng yè shí jiān

brief (de)	信，信函	xìn, xìn hán
aangetekende brief (de)	挂号信	guà hào xìn
briefkaart (de)	明信片	míng xìn piàn
telegram (het)	电报	diàn bào
postpakket (het)	包裹，邮包	bāo guǒ, yóu bāo
overschrijving (de)	汇款资讯	huì kuǎn zī xùn

ontvangen (ww)	收到	shōu dào
sturen (zenden)	寄	jì
verzending (de)	发信	fā xìn

adres (het)	地址	dì zhǐ
postcode (de)	邮编	yóu biān
verzender (de)	发信人	fā xìn rén
ontvanger (de)	收信人	shōu xìn rén

| naam (de) | 名字 | míng zi |
| achternaam (de) | 姓 | xìng |

tarief (het)	费率	fèi lǜ
standaard (bn)	普通	pǔ tōng
zuinig (bn)	经济的	jīng jì de

gewicht (het)	重量	zhòng liàng
afwegen (op de weegschaal)	称重	chēng zhòng
envelop (de)	信封	xìn fēng
postzegel (de)	邮票	yóu piào

Woning. Huis. Thuis

82. Huis. Woning

huis (het)	房屋	fáng wū
thuis (bw)	在家	zài jiā
cour (de)	院子	yuàn zi
omheining (de)	围栏	wéi lán
baksteen (de)	砖	zhuān
van bakstenen	砖的	zhuān de
steen (de)	石头, 石料	shí tou, shí liào
stenen (bn)	石制的	shí zhì de
beton (het)	混凝土	hùn níng tǔ
van beton	混凝土的	hùn níng tǔ de
nieuw (bn)	新的	xīn de
oud (bn)	旧的	jiù de
vervallen (bn)	破旧的	pò jiù de
modern (bn)	当代的	dāng dài de
met veel verdiepingen	多层的	duō céng de
hoog (bn)	高的	gāo de
verdieping (de)	层；楼层	céng, lóu céng
met een verdieping	单层	dān céng
laagste verdieping (de)	底层	dǐ céng
bovenverdieping (de)	顶楼	dǐng lóu
dak (het)	房顶	fáng dǐng
schoorsteen (de)	烟囱	yān cōng
dakpan (de)	瓦	wǎ
pannen- (abn)	瓦的	wǎde
zolder (de)	阁楼, 顶楼	gé lóu, dǐng lóu
venster (het)	窗户	chuāng hu
glas (het)	玻璃	bō li
vensterbank (de)	窗台	chuāng tái
luiken (mv.)	护窗板	hù chuāng bǎn
muur (de)	墙	qiáng
balkon (het)	阳台	yáng tái
regenpijp (de)	排水管	pái shuǐ guǎn
boven (bw)	在楼上	zài lóu shàng
naar boven gaan (ww)	上楼去	shàng lóu qù
afdalen (on.ww.)	下来	xià lai
verhuizen (ww)	搬家	bān jiā

83. Huis. Ingang. Lift

ingang (de)	门口	mén kǒu
trap (de)	楼梯	lóu tī
treden (mv.)	阶梯	jiē tī
trapleuning (de)	栏杆	lán gān
hal (de)	大厅	dà tīng
postbus (de)	邮箱	yóu xiāng
vuilnisbak (de)	垃圾桶	lā jī tǒng
vuilniskoker (de)	垃圾道	lā jī dào
lift (de)	电梯	diàn tī
goederenlift (de)	货物电梯	huòwù diàntī
liftcabine (de)	电梯厢	diàn tī xiāng
de lift nemen	乘电梯	chéng diàntī
appartement (het)	公寓	gōng yù
bewoners (mv.)	承租人	chéng zū rén
buurman (de)	邻居	lín jū
buurvrouw (de)	邻居	lín jū
buren (mv.)	邻居们	lín jū men

84. Huis. Deuren. Sloten

deur (de)	门	mén
toegangspoort (de)	大门	dà mén
deurkruk (de)	门把	mén bà
ontsluiten (ontgrendelen)	开锁	kāi suǒ
openen (ww)	开	kāi
sluiten (ww)	关	guān
sleutel (de)	钥匙	yào shi
sleutelbos (de)	一串	yī chuàn
knarsen (bijv. scharnier)	嘎吱作响	gá zī zuò xiǎng
knarsgeluid (het)	嘎吱作响	gá zī zuò xiǎng
scharnier (het)	合页	hé yè
deurmat (de)	门口地垫	mén kǒu de diàn
slot (het)	门锁	mén suǒ
sleutelgat (het)	锁孔	suǒ kǒng
grendel (de)	门闩	mén shuān
schuif (de)	小闩	xiǎo shuān
hangslot (het)	挂锁	guà suǒ
aanbellen (ww)	按门铃	àn mén líng
bel (geluid)	铃声	líng shēng
deurbel (de)	门铃	mén líng
belknop (de)	按钮	àn niǔ
geklop (het)	敲门声	qiāo mén shēng
kloppen (ww)	敲 门	qiāo mén
code (de)	密码	mì mǎ
cijferslot (het)	密码锁	mì mǎ suǒ

parlofoon (de)	门口对讲机	mén kǒu duì jiǎng jī
nummer (het)	号	hào
naambordje (het)	门牌	mén pái
deurspion (de)	门镜	mén jìng

85. Huis op het platteland

| dorp (het) | 村庄 | cūn zhuāng |
| moestuin (de) | 菜圃 | cài pǔ |

hek (het)	栅栏	zhà lan
houten hekwerk (het)	栅栏	zhà lan
tuinpoortje (het)	小门	xiǎo mén

| graanschuur (de) | 粮仓 | liáng cāng |
| wortelkelder (de) | 地窖 | dì jiào |

| schuur (de) | 棚子 | péng zi |
| waterput (de) | 水井 | shuǐ jǐng |

kachel (de)	火炉	huǒ lú
de kachel stoken	生炉子	shēng lú zi
brandhout (het)	木柴	mù chái
houtblok (het)	柴火	chái huǒ

veranda (de)	凉台	liáng tái
terras (het)	露台	lù tái
bordes (het)	门台阶	mén tái jiē
schommel (de)	秋千	qiū qiān

86. Kasteel. Paleis

kasteel (het)	城堡	chéng bǎo
paleis (het)	宫殿	gōng diàn
vesting (de)	堡垒	bǎo lěi

ringmuur (de)	城墙	chéng qiáng
toren (de)	塔	tǎ
donjon (de)	城樓	chéng lóu

valhek (het)	吊闸	diào zhá
onderaardse gang (de)	地下通道	dìxia tōng dào
slotgracht (de)	护城河	hù chéng hé

| ketting (de) | 链 | liàn |
| schietgat (het) | 箭头狭缝 | jiàn tóu xiá fèng |

| prachtig (bn) | 宏伟的 | hóng wěi de |
| majestueus (bn) | 雄伟的 | xióng wěi de |

| onneembaar (bn) | 固若金汤的 | gù ruò jīn tāng de |
| middeleeuws (bn) | 中世纪的 | zhōng shì jì de |

87. Appartement

appartement (het)	公寓	gōng yù
kamer (de)	房间	fáng jiān
slaapkamer (de)	卧室	wòshì
eetkamer (de)	餐厅	cān tīng
salon (de)	客厅	kè tīng
studeerkamer (de)	书房	shū fáng
gang (de)	入口空间	rù kǒu kōng jiān
badkamer (de)	浴室	yù shì
toilet (het)	卫生间	wèi shēng jiān
plafond (het)	天花板	tiān huā bǎn
vloer (de)	地板	dì bǎn
hoek (de)	墙角	qiáng jiǎo

88. Appartement. Schoonmaken

schoonmaken (ww)	打扫	dǎ sǎo
opbergen (in de kast, enz.)	收好	shōu hǎo
stof (het)	灰尘	huī chén
stoffig (bn)	灰尘多的	huī chén duō de
stoffen (ww)	打扫灰尘	dǎsǎo huī chén
stofzuiger (de)	吸尘器	xī chén qì
stofzuigen (ww)	用吸尘器打扫	yòng xīchénqì dǎ sǎo
vegen (de vloer ~)	打扫	dǎ sǎo
veegsel (het)	垃圾	lā jī
orde (de)	整齐	zhěng qí
wanorde (de)	混乱	hùn luàn
zwabber (de)	拖把	tuō bǎ
poetsdoek (de)	拭尘布	shì chén bù
veger (de)	扫帚	sào zhǒu
stofblik (het)	簸箕	bò ji

89. Meubels. Interieur

meubels (mv.)	家具	jiā jù
tafel (de)	桌子	zhuō zi
stoel (de)	椅子	yǐ zi
bed (het)	床	chuáng
bankstel (het)	沙发	shā fā
fauteuil (de)	扶手椅	fú shǒu yǐ
boekenkast (de)	书橱	shū chú
boekenrek (het)	书架	shū jià
stellingkast (de)	橱架	chú jià
kledingkast (de)	衣柜	yī guì
kapstok (de)	墙衣帽架	qiáng yī mào jià

staande kapstok (de)	衣帽架	yī mào jià
commode (de)	五斗柜	wǔ dǒu guì
salontafeltje (het)	茶几	chá jī

spiegel (de)	镜子	jìng zi
tapijt (het)	地毯	dìtǎn
tapijtje (het)	小地毯	xiǎo dìtǎn

haard (de)	壁炉	bì lú
kaars (de)	蜡烛	là zhú
kandelaar (de)	烛台	zhútái

gordijnen (mv.)	窗帘	chuāng lián
behang (het)	墙纸	qiáng zhǐ
jaloezie (de)	百叶窗	bǎi yè chuāng

bureaulamp (de)	台灯	tái dēng
wandlamp (de)	灯	dēng
staande lamp (de)	落地灯	luò dì dēng
luchter (de)	枝形吊灯	zhī xíng diào dēng

poot (ov. een tafel, enz.)	腿	tuǐ
armleuning (de)	扶手	fú shou
rugleuning (de)	靠背	kào bèi
la (de)	抽屉	chōu tì

90. Beddengoed

beddengoed (het)	铺盖	pū gài
kussen (het)	枕头	zhěn tou
kussenovertrek (de)	枕套	zhěn tào
deken (de)	羽绒被	yǔ róng bèi
laken (het)	床单	chuáng dān
sprei (de)	床罩	chuáng zhào

91. Keuken

keuken (de)	厨房	chú fáng
gas (het)	煤气	méi qì
gasfornuis (het)	煤气炉	méi qì lú
elektrisch fornuis (het)	电炉	diàn lú
oven (de)	烤箱	kǎo xiāng
magnetronoven (de)	微波炉	wēi bō lú

koelkast (de)	冰箱	bīng xiāng
diepvriezer (de)	冷冻室	lěng dòng shì
vaatwasmachine (de)	洗碗机	xǐ wǎn jī

vleesmolen (de)	绞肉机	jiǎo ròu jī
vruchtenpers (de)	榨汁机	zhà zhī jī
toaster (de)	烤面包机	kǎo miàn bāo jī
mixer (de)	搅拌机	jiǎo bàn jī

koffiemachine (de)	咖啡机	kāfēi jī
koffiepot (de)	咖啡壶	kāfēi hú
koffiemolen (de)	咖啡研磨器	kāfēi yánmóqì

fluitketel (de)	开水壶	kāi shuǐ hú
theepot (de)	茶壶	chá hú
deksel (de/het)	盖子	gài zi
theezeefje (het)	滤茶器	lǜ chá qì

lepel (de)	匙子	chá zi
theelepeltje (het)	茶匙	chá chí
eetlepel (de)	汤匙	tāng chí
vork (de)	叉，餐叉	chā, cān chā
mes (het)	刀，刀子	dāo, dāo zi

vaatwerk (het)	餐具	cān jù
bord (het)	盘子	pán zi
schoteltje (het)	碟子	dié zi

likeurglas (het)	小酒杯	xiǎo jiǔ bēi
glas (het)	杯子	bēi zi
kopje (het)	杯子	bēi zi

suikerpot (de)	糖碗	táng wǎn
zoutvat (het)	盐瓶	yán píng
pepervat (het)	胡椒瓶	hú jiāo píng
boterschaaltje (het)	黄油碟	huáng yóu dié

steelpan (de)	炖锅	dùn guō
bakpan (de)	煎锅	jiān guō
pollepel (de)	长柄勺	cháng bǐng sháo
vergiet (de/het)	漏勺	lòu sháo
dienblad (het)	托盘	tuō pán

fles (de)	瓶子	píng zi
glazen pot (de)	玻璃罐	bōli guàn
blik (conserven~)	罐头	guàn tou

flesopener (de)	瓶起子	píng qǐ zi
blikopener (de)	开罐器	kāi guàn qì
kurkentrekker (de)	螺旋 拔塞器	luóxuán básāiqì
filter (de/het)	滤器	lǜ qì
filteren (ww)	过滤	guò lǜ

| huisvuil (het) | 垃圾 | lā jī |
| vuilnisemmer (de) | 垃圾桶 | lā jī tǒng |

92. Badkamer

badkamer (de)	浴室	yù shì
water (het)	水	shuǐ
kraan (de)	水龙头	shuǐ lóng tóu
warm water (het)	热水	rè shuǐ
koud water (het)	冷水	lěng shuǐ

| tandpasta (de) | 牙膏 | yá gāo |
| tanden poetsen (ww) | 刷牙 | shuā yá |

zich scheren (ww)	剃须	tì xū
scheercrème (de)	剃须泡沫	tì xū pào mò
scheermes (het)	剃须刀	tì xū dāo

wassen (ww)	洗	xǐ
een bad nemen	洗澡	xǐ zǎo
douche (de)	淋浴	lín yù
een douche nemen	洗淋浴	xǐ lín yù

bad (het)	浴缸	yù gāng
toiletpot (de)	抽水马桶	chōu shuǐ mǎ tǒng
wastafel (de)	水槽	shuǐ cáo

| zeep (de) | 肥皂 | féi zào |
| zeepbakje (het) | 肥皂盒 | féi zào hé |

spons (de)	清洁绵	qīng jié mián
shampoo (de)	洗发液	xǐ fā yè
handdoek (de)	毛巾，浴巾	máo jīn, yù jīn
badjas (de)	浴衣	yù yī

was (bijv. handwas)	洗衣	xǐ yī
wasmachine (de)	洗衣机	xǐ yī jī
de was doen	洗衣服	xǐ yī fu
waspoeder (de)	洗衣粉	xǐ yī fěn

93. Huishoudelijke apparaten

televisie (de)	电视机	diàn shì jī
cassettespeler (de)	录音机	lù yīn jī
videorecorder (de)	录像机	lù xiàng jī
radio (de)	收音机	shōu yīn jī
speler (de)	播放器	bō fàng qì

videoprojector (de)	投影器	tóu yǐng qì
home theater systeem (het)	家庭影院系统	jiā tíng yǐng yuàn xì tǒng
DVD-speler (de)	DVD 播放机	diwidi bōfàngjī
versterker (de)	放大器	fàng dà qì
spelconsole (de)	电子游戏机	diànzǐ yóuxìjī

videocamera (de)	摄像机	shè xiàng jī
fotocamera (de)	照相机	zhào xiàng jī
digitale camera (de)	数码相机	shù mǎ xiàng jī

stofzuiger (de)	吸尘器	xī chén qì
strijkijzer (het)	熨斗	yùn dǒu
strijkplank (de)	熨衣板	yùn yī bǎn

telefoon (de)	电话	diàn huà
mobieltje (het)	手机	shǒu jī
schrijfmachine (de)	打字机	dǎ zì jī

naaimachine (de)	缝纫机	féng rèn jī
microfoon (de)	话筒	huà tǒng
koptelefoon (de)	耳机	ěr jī
afstandsbediening (de)	遥控器	yáo kòng qì

CD (de)	光盘	guāng pán
cassette (de)	磁带	cí dài
vinylplaat (de)	唱片	chàng piàn

94. Reparaties. Renovatie

renovatie (de)	修理	xiū lǐ
renoveren (ww)	翻修	fān xiū
repareren (ww)	修理	xiū lǐ
op orde brengen	整理	zhěng lǐ
overdoen (ww)	重做	zhòng zuò

verf (de)	油漆	yóu qī
verven (muur ~)	油漆	yóu qī
schilder (de)	油漆工	yóu qī gōng
kwast (de)	毛刷	máo shuā

| kalk (de) | 石灰水 | shí huī shuǐ |
| kalken (ww) | 用石灰水粉刷 | yòng shí huī shuǐ fěn shuā |

behang (het)	墙纸	qiáng zhǐ
behangen (ww)	贴墙纸	tiē qiáng zhǐ
lak (de/het)	清漆	qīng qī
lakken (ww)	涂清漆	tú qīng qī

95. Loodgieterswerk

water (het)	水	shuǐ
warm water (het)	热水	rè shuǐ
koud water (het)	冷水	lěng shuǐ
kraan (de)	水龙头	shuǐ lóng tóu

druppel (de)	滴	dī
druppelen (ww)	滴落	dī luò
lekken (een lek hebben)	漏	lòu
lekkage (de)	漏孔	lòu kǒng
plasje (het)	水洼	shuǐ wā

buis, leiding (de)	水管	shuǐ guǎn
stopkraan (de)	阀门	fá mén
verstopt raken (ww)	堵塞	dǔ sè

Engelse sleutel (de)	可调扳手	kě diào bān shǒu
losschroeven (ww)	拧开	nǐng kāi
aanschroeven (ww)	拧紧	nǐng jǐn
ontstoppen (riool, enz.)	疏通堵塞	shū tōng dǔ sè
loodgieter (de)	水管工	shuǐ guǎn gōng

| kelder (de) | 地下室 | dì xià shì |
| riolering (de) | 排水系统 | pái shuǐ xì tǒng |

96. Brand. Vuurzee

vuur (het)	火	huǒ
vlam (de)	火焰	huǒ yàn
vonk (de)	火花	huǒ huā
rook (de)	烟	yān
fakkel (de)	火把	huǒ bǎ
kampvuur (het)	篝火	gōu huǒ

benzine (de)	汽油	qì yóu
kerosine (de)	煤油	méi yóu
brandbaar (bn)	易燃的	yì rán de
ontplofbaar (bn)	易爆炸的	yì bào zhà de
VERBODEN TE ROKEN!	禁止吸烟	jìnzhǐ xīyān

veiligheid (de)	安全	ān quán
gevaar (het)	危险	wēi xiǎn
gevaarlijk (bn)	危险的	wēi xiǎn de

in brand vliegen (ww)	着火	zháo huǒ
explosie (de)	爆炸	bào zhà
in brand steken (ww)	放火	fàng huǒ
brandstichter (de)	纵火犯	zòng huǒ fàn
brandstichting (de)	放火	fàng huǒ

vlammen (ww)	熊熊燃烧	xióng xióng rán shāo
branden (ww)	燃烧	rán shāo
afbranden (ww)	焚毁	fén huǐ

brandweerman (de)	消防队员	xiāofáng duìyuán
brandweerwagen (de)	救火车	jiù huǒ chē
brandweer (de)	消防队	xiāo fáng duì

brandslang (de)	水龙带	shuǐ lóng dài
brandblusser (de)	灭火器	miè huǒ qì
helm (de)	头盔	tóu kuī
sirene (de)	警报器	jǐng bào qì

roepen (ww)	叫喊	jiào hǎn
hulp roepen	呼救	hū jiù
redder (de)	救援者	jiù yuán zhě
redden (ww)	营救	yíng jiù

aankomen (per auto, enz.)	来	lái
blussen (ww)	扑灭	pū miè
water (het)	水	shuǐ
zand (het)	沙，沙子	shā, shā zi

ruïnes (mv.)	废墟	fèi xū
instorten (gebouw, enz.)	倒塌	dǎo tā
ineenstorten (ww)	倒塌	dǎo tā

inzakken (ww)	坍塌	tān tā
brokstuk (het)	大碎片	dà suì piàn
as (de)	烟灰	yān huī

| verstikken (ww) | 闷死 | mèn sǐ |
| omkomen (ww) | 惨死 | cǎn sǐ |

MENSELIJKE ACTIVITEITEN

Baan. Business. Deel 1

97. Bankieren

bank (de)	银行	yín háng
bankfiliaal (het)	分支机构	fēn zhī jī gòu
bankbediende (de)	顾问	gù wèn
manager (de)	主管人	zhǔ guǎn rén
bankrekening (de)	账户	zhànghù
rekeningnummer (het)	账号	zhàng hào
lopende rekening (de)	活期帐户	huó qī zhànghù
spaarrekening (de)	储蓄账户	chǔ xù zhànghù
een rekening openen	开立账户	kāilì zhànghù
de rekening sluiten	关闭 帐户	guān bì zhànghù
op rekening storten	存入帐户	cúnrù zhànghù
opnemen (ww)	提取	tí qǔ
storting (de)	存款	cún kuǎn
een storting maken	存款	cún kuǎn
overschrijving (de)	汇款	huì kuǎn
een overschrijving maken	汇款	huì kuǎn
som (de)	金额	jīn é
Hoeveel?	多少钱?	duōshao qián?
handtekening (de)	签名	qiān míng
ondertekenen (ww)	签名	qiān míng
kredietkaart (de)	信用卡	xìn yòng kǎ
code (de)	密码	mì mǎ
kredietkaartnummer (het)	信用卡号码	xìn yòng kǎ hào mǎ
geldautomaat (de)	自动取款机	zì dòng qǔ kuǎn jī
cheque (de)	支票	zhī piào
een cheque uitschrijven	开支票	kāi zhī piào
chequeboekje (het)	支票本	zhīpiào běn
lening, krediet (de)	贷款	dàikuǎn
een lening aanvragen	借款	jiè kuǎn
een lening nemen	取得贷款	qǔ dé dàikuǎn
een lening verlenen	贷款给 …	dàikuǎn gěi …
garantie (de)	保证	bǎo zhèng

98. Telefoon. Telefoongesprek

telefoon (de)	电话	diàn huà
mobieltje (het)	手机	shǒu jī
antwoordapparaat (het)	答录机	dā lù jī
bellen (ww)	打电话	dǎ diàn huà
belletje (telefoontje)	电话	diàn huà
een nummer draaien	拨号码	bō hào mǎ
Hallo!	喂!	wèi!
vragen (ww)	问	wèn
antwoorden (ww)	接电话	jiē diàn huà
horen (ww)	听见	tīng jiàn
goed (bw)	好	hǎo
slecht (bw)	不好	bù hǎo
storingen (mv.)	干扰声	gān rǎo shēng
hoorn (de)	听筒	tīng tǒng
opnemen (ww)	接听	jiē tīng
ophangen (ww)	挂断	guà duàn
bezet (bn)	占线的	zhàn xiàn de
overgaan (ww)	响	xiǎng
telefoonboek (het)	电话薄	diàn huà bù
lokaal (bn)	本地的	běn dì de
interlokaal (bn)	长途	cháng tú
buitenlands (bn)	国际的	guó jì de

99. Mobiele telefoon

mobieltje (het)	手机	shǒu jī
scherm (het)	显示器	xiǎn shì qì
toets, knop (de)	按钮	àn niǔ
simkaart (de)	SIM 卡	sim kǎ
batterij (de)	电池	diàn chí
leeg zijn (ww)	没电	méi diàn
acculader (de)	充电器	chōng diàn qì
menu (het)	菜单	cài dān
instellingen (mv.)	设置	shè zhì
melodie (beltoon)	曲调	qǔ diào
selecteren (ww)	挑选	tiāo xuǎn
rekenmachine (de)	计算器	jì suàn qì
voicemail (de)	答录机	dā lù jī
wekker (de)	闹钟	nào zhōng
contacten (mv.)	电话薄	diàn huà bù
SMS-bericht (het)	短信	duǎn xìn
abonnee (de)	用户	yòng hù

100. Schrijfbehoeften

balpen (de)	圆珠笔	yuán zhū bǐ
vulpen (de)	钢笔	gāng bǐ
potlood (het)	铅笔	qiān bǐ
marker (de)	荧光笔	yíng guāng bǐ
viltstift (de)	水彩笔	shuǐ cǎi bǐ
notitieboekje (het)	记事簿	jì shì bù
agenda (boekje)	日记本	rì jì běn
liniaal (de/het)	直尺	zhí chǐ
rekenmachine (de)	计算器	jì suàn qì
gom (de)	橡皮擦	xiàng pí cā
punaise (de)	图钉	tú dīng
paperclip (de)	回形针	huí xíng zhēn
lijm (de)	胶水	jiāo shuǐ
nietmachine (de)	钉书机	dīng shū jī
perforator (de)	打孔机	dǎ kǒng jī
potloodslijper (de)	卷笔刀	juǎn bǐ dāo

Baan. Business. Deel 2

101. Massamedia

krant (de)	报纸	bào zhǐ
tijdschrift (het)	杂志	zá zhì
pers (gedrukte media)	报刊	bào kān
radio (de)	广播	guǎng bō
radiostation (het)	广播台	guǎng bō tái
televisie (de)	电视	diàn shì
presentator (de)	主持人	zhǔ chí rén
nieuwslezer (de)	新闻播音员	xīn wén bō yīn yuán
commentator (de)	评论员	píng lùn yuán
journalist (de)	新闻工作者	xīnwén gōngzuò zhě
correspondent (de)	记者	jì zhě
fotocorrespondent (de)	摄影记者	shèyǐng jìzhě
reporter (de)	记者	jì zhě
redacteur (de)	编辑	biān jí
chef-redacteur (de)	总编辑	zǒng biān jí
zich abonneren op	订阅	dìng yuè
abonnement (het)	订阅	dìng yuè
abonnee (de)	订阅者	dìng yuè zhě
lezen (ww)	读	dú
lezer (de)	读者	dú zhě
oplage (de)	发行量	fā xíng liàng
maand-, maandelijks (bn)	每月的	měi yuè de
wekelijks (bn)	每周的	měi zhōu de
nummer (het)	号	hào
vers (~ van de pers)	最近的	zuì jìn de
kop (de)	标题	biāo tí
korte artikel (het)	小文章	xiǎo wén zhāng
rubriek (de)	专栏	zhuān lán
artikel (het)	文章	wén zhāng
pagina (de)	页	yè
reportage (de)	报道	bào dào
gebeurtenis (de)	事件	shì jiàn
sensatie (de)	轰动	hōng dòng
schandaal (het)	丑闻	chǒu wén
schandalig (bn)	丑闻的	chǒu wén de
programma (het)	节目	jié mù
interview (het)	访谈	fǎng tán
live uitzending (de)	直播	zhí bō
kanaal (het)	电视频道	diàn shì pín dào

102. Landbouw

landbouw (de)	农业	nóng yè
boer (de)	男农民	nán nóng mín
boerin (de)	女农民	nǚ nóng mín
landbouwer (de)	农场主	nóng chǎng zhǔ
tractor (de)	拖拉机	tuō lā jī
maaidorser (de)	收割机	shōu gē jī
ploeg (de)	犁	lí
ploegen (ww)	犁地	lí dì
akkerland (het)	耕地	gēng dì
voor (de)	犁沟	lí gōu
zaaien (ww)	播种	bō zhǒng
zaaimachine (de)	播种机	bō zhǒng jī
zaaien (het)	播种	bō zhǒng
zeis (de)	大镰刀	dà lián dāo
maaien (ww)	割	gē
schop (de)	铲	chǎn
spitten (ww)	挖	wā
schoffel (de)	锄	chú
wieden (ww)	锄	chú
onkruid (het)	杂草	zá cǎo
gieter (de)	喷壶	pēn hú
begieten (water geven)	给 ⋯ 浇水	gěi … jiāo shuǐ
bewatering (de)	浇水	jiāo shuǐ
riek, hooivork (de)	草叉	cǎo chā
hark (de)	耙子	pá zi
meststof (de)	化肥	huàféi
bemesten (ww)	施肥	shī féi
mest (de)	厩肥, 粪肥	jiùféi, fènféi
veld (het)	田地	tián dì
wei (de)	草地	cǎo dì
moestuin (de)	菜圃	cài pǔ
boomgaard (de)	果园	guǒ yuán
weiden (ww)	牧放	mù fàng
herder (de)	牧人	mù rén
weiland (de)	牧场	mù chǎng
veehouderij (de)	牧业	mù yè
schapenteelt (de)	羊养殖	yáng yǎng zhí
plantage (de)	种植园	zhòng zhí yuán
rijtje (het)	土垄	tǔ lǒng
broeikas (de)	温室	wēn shì

| droogte (de) | 干旱 | gān hàn |
| droog (bn) | 干旱的 | gān hàn de |

| graangewassen (mv.) | 谷物 | gǔ wù |
| oogsten (ww) | 收获 | shōu huò |

molenaar (de)	磨坊主	mò fáng zhǔ
molen (de)	磨坊	mò fáng
malen (graan ~)	磨成	mó chéng
bloem (bijv. tarwebloem)	面粉	miàn fěn
stro (het)	稻草	dào cǎo

103. Gebouw. Bouwproces

bouwplaats (de)	建筑工地	jiànzhù gōngdì
bouwen (ww)	建筑	jiàn zhù
bouwvakker (de)	建筑工人	jiànzhù gōngrén

project (het)	项目	xiàng mù
architect (de)	建筑师	jiànzhù shī
arbeider (de)	工人	gōng rén

fundering (de)	地基	dì jī
dak (het)	房顶	fáng dǐng
heipaal (de)	地基桩柱	dì jī zhuāng zhù
muur (de)	墙	qiáng

| betonstaal (het) | 配筋 | pèi jīn |
| steigers (mv.) | 脚手架 | jiǎo shǒu jià |

beton (het)	混凝土	hùn níng tǔ
graniet (het)	花岗石	huā gāng shí
steen (de)	石头，石料	shí tou, shí liào
baksteen (de)	砖	zhuān

zand (het)	沙，沙子	shā, shā zi
cement (de/het)	水泥	shuǐ ní
pleister (het)	灰泥	huī ní
pleisteren (ww)	涂灰泥于	tú huī ní yú
verf (de)	油漆	yóu qī
verven (muur ~)	油漆	yóu qī
ton (de)	桶	tǒng

kraan (de)	起重机	qǐ zhòng jī
heffen, hijsen (ww)	举起	jǔ qǐ
neerlaten (ww)	放下	fàng xià

bulldozer (de)	推土机	tuītǔjī
graafmachine (de)	挖土机	wā tǔ jī
graafbak (de)	掘斗	jué dǒu
graven (tunnel, enz.)	挖	wā
helm (de)	安全帽	ān quán mào

Beroepen en ambachten

104. Zoeken naar werk. Ontslag

baan (de)	工作	gōng zuò
personeel (het)	人员	rényuán
carrière (de)	职业	zhí yè
vooruitzichten (mv.)	前途	qián tú
meesterschap (het)	技能	jì néng
keuze (de)	挑选	tiāo xuǎn
uitzendbureau (het)	职业介绍所	zhí yè jiè shào suǒ
CV, curriculum vitae (het)	简历	jiǎn lì
sollicitatiegesprek (het)	面试	miàn shì
vacature (de)	空缺	kòng quē
salaris (het)	薪水	xīn shuǐ
vaste salaris (het)	固定薪水	gùdìng xīnshuǐ
loon (het)	报酬	bào chóu
betrekking (de)	职务	zhí wù
taak, plicht (de)	职责	zhí zé
takenpakket (het)	职责	zhí zé
bezig (~ zijn)	忙	máng
ontslagen (ww)	解雇	jiě gù
ontslag (het)	辞退	cí tuì
werkloosheid (de)	失业	shī yè
werkloze (de)	失业者	shī yè zhě
pensioen (het)	退休	tuì xiū
met pensioen gaan	退休	tuì xiū

105. Zakenmensen

directeur (de)	经理	jīng lǐ
beheerder (de)	主管人	zhǔ guǎn rén
hoofd (het)	老板	lǎo bǎn
baas (de)	上级	shàng jí
superieuren (mv.)	管理层	guǎn lǐ céng
president (de)	总裁	zǒng cái
voorzitter (de)	主席	zhǔxí
adjunct (de)	副手	fù shǒu
assistent (de)	助手	zhù shǒu
secretaris (de)	秘书	mì shū

persoonlijke assistent (de)	私人秘书	sīrén mìshū
zakenman (de)	商人	shāng rén
ondernemer (de)	企业家	qǐ yè jiā
oprichter (de)	创始人	chuàng shǐ rén
oprichten	创始	chuàng shǐ
(een nieuw bedrijf ~)		

stichter (de)	合伙员	hé huǒ yuán
partner (de)	合伙人	hé huǒ rén
aandeelhouder (de)	股东	gǔ dōng

miljonair (de)	百万富翁	bǎiwàn fùwēng
miljardair (de)	亿万富翁	yìwàn fùwēng
eigenaar (de)	业主	yè zhǔ
landeigenaar (de)	地主	dì zhǔ

klant (de)	客户	kèhù
vaste klant (de)	长期客户	chángqī kèhù
koper (de)	顾客	gù kè
bezoeker (de)	参观者	cān guān zhě

professioneel (de)	专家	zhuān jiā
expert (de)	行家，专家	háng jiā, zhuān jiā
specialist (de)	专家	zhuān jiā

| bankier (de) | 银行家 | yín háng jiā |
| makelaar (de) | 经纪人 | jīng jì rén |

kassier (de)	收款员	shōu kuǎn yuán
boekhouder (de)	会计员	kuài jì yuán
bewaker (de)	安保员	ān bǎo yuán

investeerder (de)	投资者	tóu zī zhě
schuldenaar (de)	债务人	zhài wù rén
crediteur (de)	债权人	zhài quán rén
lener (de)	借款人	jiè kuǎn rén

| importeur (de) | 进口者 | jìn kǒu zhě |
| exporteur (de) | 出口厂商 | chū kǒu chǎng shāng |

producent (de)	生产商	shēng chǎn shāng
distributeur (de)	经销商	jīng xiāo shāng
bemiddelaar (de)	中间人	zhōng jiān rén

adviseur, consulent (de)	咨询顾问	zīxún gùwèn
vertegenwoordiger (de)	代表	dài biǎo
agent (de)	代理人	dài lǐ rén
verzekeringsagent (de)	保险代理人	bǎo xiǎn dài lǐ rén

106. Dienstverlenende beroepen

kok (de)	厨师	chúshī
chef-kok (de)	高级厨师	gāojí chúshī
bakker (de)	面包师	miànbāo shī

barman (de)	酒保	jiǔ bǎo
kelner, ober (de)	服务员	fú wù yuán
serveerster (de)	女服务员	nǚ fú wù yuán

advocaat (de)	辩护人	biàn hù rén
jurist (de)	律师	lǜ shī
notaris (de)	公证人	gōng zhèng rén

elektricien (de)	电工	diàn gōng
loodgieter (de)	水管工	shuǐ guǎn gōng
timmerman (de)	木匠	mù jiàng

masseur (de)	男按摩师	nán ànmóshī
masseuse (de)	女按摩师	nǚ ànmóshī
dokter, arts (de)	医生	yīshēng

taxichauffeur (de)	出租车司机	chūzūchē sī jī
chauffeur (de)	司机	sī jī
koerier (de)	快递员	kuài dì yuán

kamermeisje (het)	女服务员	nǚ fú wù yuán
bewaker (de)	安保员	ān bǎo yuán
stewardess (de)	空姐	kōng jiě

meester (de)	老师	lǎo shī
bibliothecaris (de)	图书馆员	tú shū guǎn yuán
vertaler (de)	翻译, 译者	fān yì, yì zhě
tolk (de)	口译者	kǒu yì zhě
gids (de)	导游	dǎo yóu

kapper (de)	理发师	lǐ fà shī
postbode (de)	邮递员	yóu dì yuán
verkoper (de)	售货员	shòu huò yuán

tuinman (de)	花匠	huā jiàng
huisbediende (de)	仆人	pú rén
dienstmeisje (het)	女仆	nǚ pú
schoonmaakster (de)	清洁女工	qīng jié nǚ gōng

107. Militaire beroepen en rangen

soldaat (rang)	士兵, 列兵	shìbīng, lièbīng
sergeant (de)	中士	zhōng shì
luitenant (de)	中尉	zhōng wèi
kapitein (de)	上尉	shàng wèi

majoor (de)	少校	shào xiào
kolonel (de)	上校	shàng xiào
generaal (de)	将军	jiāng jūn
maarschalk (de)	元帅	yuán shuài
admiraal (de)	海军上将	hǎi jūn shàng jiàng

| militair (de) | 军人 | jūn rén |
| soldaat (de) | 士兵 | shì bīng |

| officier (de) | 军官 | jūn guān |
| commandant (de) | 指挥员 | zhǐhuī yuán |

grenswachter (de)	边界守卫	biān jiè shǒu wèi
marconist (de)	无线电员	wúxiàndiàn yuán
verkenner (de)	侦察兵	zhēn chá bīng
sappeur (de)	工兵	gōng bīng
schutter (de)	神射手	shén shè shǒu
stuurman (de)	领航员	lǐng háng yuán

108. Ambtenaren. Priesters

| koning (de) | 国王 | guó wáng |
| koningin (de) | 王后，女王 | wáng hòu, nǚ wáng |

| prins (de) | 王子 | wáng zǐ |
| prinses (de) | 公主 | gōng zhǔ |

| tsaar (de) | 沙皇 | shā huáng |
| tsarina (de) | 沙皇皇后 | shā huáng huáng hòu |

president (de)	总统	zǒng tǒng
minister (de)	部长	bù zhǎng
eerste minister (de)	总理	zǒng lǐ
senator (de)	参议院	cān yì yuàn

diplomaat (de)	外交官	wài jiāo guān
consul (de)	领事	lǐng shì
ambassadeur (de)	大使	dàshǐ
adviseur (de)	顾问	gù wèn

ambtenaar (de)	官员	guān yuán
prefect (de)	长官	zhǎng guān
burgemeester (de)	市长	shì zhǎng

| rechter (de) | 法官 | fǎ guān |
| aanklager (de) | 公诉人 | gōng sù rén |

missionaris (de)	传教士	chuán jiào shì
monnik (de)	僧侣，修道士	sēng lǚ, xiū dào shì
abt (de)	男修道院院长	nán xiūdàoyuàn yuànzhǎng
rabbi, rabbijn (de)	拉比	lā bǐ

vizier (de)	维齐尔	wéi qí ěr
sjah (de)	沙阿	shā ē
sjeik (de)	族长	zú zhǎng

109. Agrarische beroepen

imker (de)	养蜂人	yǎngfēng rén
herder (de)	牧人	mù rén
landbouwkundige (de)	农学家	nóng xuéjiā

veehouder (de)	饲养者	sì yǎng zhě
dierenarts (de)	兽医	shòu yī

landbouwer (de)	农场主	nóng chǎng zhǔ
wijnmaker (de)	酒商	jiǔ shāng
zoöloog (de)	动物学家	dòng wù xuéjiā
cowboy (de)	牛仔	niú zǎi

110. Kunst beroepen

acteur (de)	演员	yǎnyuán
actrice (de)	女演员	nǚ yǎnyuán

zanger (de)	歌手	gē shǒu
zangeres (de)	女歌手	nǚ gē shǒu

danser (de)	舞蹈家	wǔ dǎo jiā
danseres (de)	女舞蹈家	nǚ wǔ dǎo jiā

artiest (mann.)	演员	yǎnyuán
artiest (vrouw.)	女演员	nǚ yǎnyuán

muzikant (de)	音乐家	yīn yuè jiā
pianist (de)	钢琴家	gāng qín jiā
gitarist (de)	吉他手	jí tā shǒu

orkestdirigent (de)	指挥	zhǐ huī
componist (de)	作曲家	zuò qū jiā
impresario (de)	经理人	jīng lǐ rén

filmregisseur (de)	导演	dǎo yǎn
filmproducent (de)	制片人	zhì piàn rén
scenarioschrijver (de)	编剧	biān jù
criticus (de)	评论家	píng lùn jiā

schrijver (de)	作家	zuò jiā
dichter (de)	诗人	shī rén
beeldhouwer (de)	雕塑家	diāo sù jiā
kunstenaar (de)	画家	huà jiā

jongleur (de)	变戏法者	biàn xì fǎ zhě
clown (de)	小丑	xiǎo chǒu
acrobaat (de)	杂技演员	zájì yǎnyuán
goochelaar (de)	魔术师	mó shù shī

111. Verschillende beroepen

dokter, arts (de)	医生	yīshēng
ziekenzuster (de)	护士	hù shi
psychiater (de)	精神病医生	jīng shén bìng yīshēng
tandarts (de)	牙科医生	yá kē yīshēng
chirurg (de)	外科医生	wài kē yīshēng

astronaut (de)	宇航员	yǔ háng yuán
astronoom (de)	天文学家	tiānwén xuéjiā
piloot (de)	飞行员	fēi xíng yuán
chauffeur (de)	驾驶员	jiàshǐ yuán
machinist (de)	火车司机	huǒ chē sī jī
mecanicien (de)	机修工	jī xiū gōng
mijnwerker (de)	矿工	kuàng gōng
arbeider (de)	工人	gōng rén
bankwerker (de)	钳工	qián gōng
houtbewerker (de)	细木工	xì mù gōng
draaier (de)	车工	chē gōng
bouwvakker (de)	建筑工人	jiànzhù gōngrén
lasser (de)	焊接工	hàn jiē gōng
professor (de)	教授	jiào shòu
architect (de)	建筑师	jiànzhù shī
historicus (de)	历史学家	lì shǐ xué jiā
wetenschapper (de)	科学家	kē xué jiā
fysicus (de)	物理学家	wù lǐ xué jiā
scheikundige (de)	化学家	huà xué jiā
archeoloog (de)	考古学家	kǎo gǔ xué jiā
geoloog (de)	地质学家	dì zhì xué jiā
onderzoeker (de)	研究者	yán jiū zhě
babysitter (de)	临时保姆	línshí bǎomǔ
leraar, pedagoog (de)	教师	jiào shī
redacteur (de)	编辑	biān jí
chef-redacteur (de)	总编辑	zǒng biān jí
correspondent (de)	记者	jì zhě
typiste (de)	打字员	dǎ zì yuán
designer (de)	设计师	shè jì shī
computerexpert (de)	电脑专家	diàn nǎo zhuān jiā
programmeur (de)	程序员	chéng xù yuán
ingenieur (de)	工程师	gōng chéng shī
matroos (de)	水手	shuǐ shǒu
zeeman (de)	海员	hǎi yuán
redder (de)	救援者	jiù yuán zhě
brandweerman (de)	消防队员	xiāofáng duìyuán
politieagent (de)	警察	jǐng chá
nachtwaker (de)	看守人	kān shǒu rén
detective (de)	侦探	zhēn tàn
douanier (de)	海关人员	hǎi guān rényuán
lijfwacht (de)	保镖	bǎo biāo
gevangenisbewaker (de)	狱警	yù jǐng
inspecteur (de)	检察员	jiǎn chá yuán
sportman (de)	运动员	yùndòng yuán
trainer (de)	教练	jiào liàn

slager, beenhouwer (de)	屠夫	túfū
schoenlapper (de)	鞋匠	xié jiàng
handelaar (de)	商人	shāng rén
lader (de)	装货人	zhuāng huò rén

| kledingstilist (de) | 时装设计师 | shízhuāng shèjìshī |
| model (het) | 模特儿 | mó tè er |

112. Beroepen. Sociale status

| scholier (de) | 男学生 | nán xué sheng |
| student (de) | 大学生 | dà xué shēng |

filosoof (de)	哲学家	zhé xué jiā
econoom (de)	经济学家	jīng jì xué jiā
uitvinder (de)	发明者	fā míng zhě

werkloze (de)	失业者	shī yè zhě
gepensioneerde (de)	退休人员	tuì xiū rén yuán
spion (de)	间谍	jiàn dié

gedetineerde (de)	犯人，囚犯	fàn rén, qiú fàn
staker (de)	罢工者	bà gōng zhě
bureaucraat (de)	官僚主义者	guān liáo zhǔ yì zhě
reiziger (de)	旅行者	lǚ xíng zhě

| homoseksueel (de) | 同性恋者 | tóng xìng liàn zhě |
| hacker (computerkraker) | 黑客 | hēi kè |

bandiet (de)	匪徒	fěi tú
huurmoordenaar (de)	雇佣杀手	gù yōng shā shǒu
drugsverslaafde (de)	吸毒者	xī dú zhě
drugshandelaar (de)	毒贩子	dú fàn zi
prostituee (de)	卖淫者，妓女	mài yín zhě, jì nǚ
pooier (de)	皮条客	pí tiáo kè

tovenaar (de)	巫师	wū shī
tovenares (de)	女巫师	nǚ wū shī
piraat (de)	海盗	hǎi dào
slaaf (de)	奴隶	nú lì
samoerai (de)	武士	wǔ shì
wilde (de)	野蛮人	yě mán rén

Sport

113. Soorten sporten. Sporters

sportman (de)	运动员	yùndòng yuán
soort sport (de/het)	种运动	zhǒng yùndòng
basketbal (het)	篮球	lán qiú
basketbalspeler (de)	篮球运动员	lán qiú yùndòng yuán
baseball (het)	棒球	bàng qiú
baseballspeler (de)	棒球手	bàng qiú shǒu
voetbal (het)	足球	zú qiú
voetballer (de)	足球运动员	zú qiú yùndòng yuán
doelman (de)	守门员	shǒu mén yuán
hockey (het)	冰球	bīng qiú
hockeyspeler (de)	冰球运动员	bīng qiú yùndòng yuán
volleybal (het)	排球	pái qiú
volleybalspeler (de)	排球运动员	pái qiú yùndòng yuán
boksen (het)	拳击	quánjī
bokser (de)	拳击运动员	quánjī yùndòng yuán
worstelen (het)	摔跤	shuāi jiāo
worstelaar (de)	摔跤运动员	shuāi jiāo yùndòng yuán
karate (de)	空手道	kōng shǒu dào
karateka (de)	空手道专家	kòng shǒu dào zhuānjiā
judo (de)	柔道	róu dào
judoka (de)	柔道运动员	róudào yùndòng yuán
tennis (het)	网球	wǎng qiú
tennisspeler (de)	网球运动员	wǎng qiú yùndòng yuán
zwemmen (het)	游泳	yóuyǒng
zwemmer (de)	游泳运动员	yóuyǒng yùndòng yuán
schermen (het)	击剑	jī jiàn
schermer (de)	击剑者	jī jiàn zhě
schaak (het)	国际象棋	guó jì xiàng qí
schaker (de)	下象棋者	xià xiàng qí zhě
alpinisme (het)	登山技术	dēng shān jì shù
alpinist (de)	登山家	dēng shān jiā
hardlopen (het)	赛跑	sàipǎo

renner (de)	赛跑者	sàipǎo zhě
atletiek (de)	田径运动	tiánjìng yùndòng
atleet (de)	田径运动员	tiánjìng yùndòng yuán
paardensport (de)	骑马	qí mǎ
ruiter (de)	骑手	qí shǒu
kunstschaatsen (het)	花样滑冰	huāyàng huábīng
kunstschaatser (de)	花样滑冰运动员	huāyàng huábīng yùndòng yuán
kunstschaatsster (de)	花样滑冰女运动员	huāyàng huábīng nǚ yùndòng yuán
gewichtheffen (het)	举重	jǔ zhòng
autoraces (mv.)	汽车竞赛	qìchē jìngsài
coureur (de)	赛车手	sài chē shǒu
wielersport (de)	自行车运动	zixíngchē yùndòng
wielrenner (de)	自行车运动员	zixíngchē yùndòng yuán
verspringen (het)	跳远	tiào yuǎn
polsstokspringen (het)	撑杆跳	chēng gān tiào
verspringer (de)	跳高运动员	tiàogāo yùndòng yuán

114. Soorten sporten. Diversen

Amerikaans voetbal (het)	美式足球	měi shì zú qiú
badminton (het)	羽毛球	yǔ máo qiú
biatlon (de)	两项竞赛	liǎng xiàng jìng sài
biljart (het)	台球	tái qiú
bobsleeën (het)	长橇	cháng qiāo
bodybuilding (de)	健美运动	jiàn měi yùndòng
waterpolo (het)	水球	shuǐ qiú
handbal (de)	手球	shǒu qiú
golf (het)	高尔夫球	gāo ěr fū qiú
roeisport (de)	划船运动	huáchuán yùndòng
duiken (het)	潜水	qián shuǐ
langlaufen (het)	越野滑雪	yuè yě huá xuě
tafeltennis (het)	乒乓球	pīng pāng qiú
zeilen (het)	帆船运动	fānchuán yùndòng
rally (de)	汽车赛	qì chē sài
rugby (het)	橄榄球	gǎn lǎn qiú
snowboarden (het)	滑雪板	huá xuě bǎn
boogschieten (het)	射箭	shè jiàn

115. Fitnessruimte

lange halter (de)	杠铃	gàng líng
halters (mv.)	哑铃	yǎ líng

training machine (de)	训练器	xùn liàn qì
hometrainer (de)	健身自行车	jiàn shēn zì xíng chē
loopband (de)	跑步机	pǎo bù jī

rekstok (de)	单杠	dān gàng
brug (de) gelijke leggers	双杠	shuāng gàng
paardsprong (de)	跳马	tiào mǎ
mat (de)	垫子	diàn zi

| aerobics (de) | 有氧健身法 | yǒuyǎng jiànshēnfǎ |
| yoga (de) | 瑜伽 | yú jiā |

116. Sporten. Diversen

Olympische Spelen (mv.)	奥林匹克运动会	aòlínpǐkè yùndònghuì
winnaar (de)	胜利者	shèng lì zhě
overwinnen (ww)	赢	yíng
winnen (ww)	赢, 获胜	yíng, huò shèng

| leider (de) | 领先者 | lǐng xiān zhě |
| leiden (ww) | 领先 | lǐng xiān |

eerste plaats (de)	第一名	dì yī míng
tweede plaats (de)	第二名	dì èr míng
derde plaats (de)	第三名	dì sān míng

medaille (de)	奖章	jiǎng zhāng
trofee (de)	奖品	jiǎng pǐn
beker (de)	奖杯	jiǎng bēi
prijs (de)	奖品	jiǎng pǐn
hoofdprijs (de)	一等奖	yī děng jiǎng

| record (het) | 纪录 | jì lù |
| een record breken | 创造纪录 | chuàng zào jì lù |

| finale (de) | 决赛 | jué sài |
| finale (bn) | 决赛的 | jué sài de |

| kampioen (de) | 冠军 | guàn jūn |
| kampioenschap (het) | 锦标赛 | jǐn biāo sài |

stadion (het)	体育场	tǐ yù chǎng
tribune (de)	看台	kàn tái
fan, supporter (de)	球迷	qiú mí
tegenstander (de)	对手	duì shǒu

| start (de) | 起点 | qǐ diǎn |
| finish (de) | 终点 | zhōng diǎn |

| nederlaag (de) | 失败 | shī bài |
| verliezen (ww) | 输掉 | shū diào |

| rechter (de) | 裁判员 | cái pàn yuán |
| jury (de) | 裁判委员会 | cái pàn wěiyuánhuì |

stand (~ is 3-1)	比分	bǐ fēn
gelijkspel (het)	平局	píng jú
in gelijk spel eindigen	打成平局	dǎchéng píng jú
punt (het)	分	fēn
uitslag (de)	比分	bǐ fēn
pauze (de)	中场休息	zhōng chǎng xiū xi
doping (de)	兴奋剂	xīng fèn jì
straffen (ww)	惩罚	chéng fá
diskwalificeren (ww)	取消资格	qǔxiāo zīgé
toestel (het)	体育器材	tǐ yù qì cái
speer (de)	标枪	biāo qiāng
kogel (de)	铅球	qiān qiú
bal (de)	球	qiú
doel (het)	目标	mù biāo
schietkaart (de)	靶子	bǎ zi
schieten (ww)	射击	shè jī
precies (bijv. precieze schot)	精确	jīng què
trainer, coach (de)	教练	jiào liàn
trainen (ww)	训练	xùn liàn
zich trainen (ww)	训练	xùn liàn
training (de)	训练	xùn liàn
gymnastiekzaal (de)	健身房	jiàn shēn fáng
oefening (de)	练习	liàn xí
opwarming (de)	准备活动	zhǔnbèi huódòng

Onderwijs

117. School

school (de)	学校	xué xiào
schooldirecteur (de)	校长	xiào zhǎng
scholier (de)	男学生	nán xué sheng
scholiere (de)	女学生	nǚ xué sheng
leren (lesgeven)	教	jiào
studeren (bijv. een taal ~)	学，学习	xué, xué xí
van buiten leren	记住	jì zhù
leren (bijv. ~ tellen)	学习	xué xí
in school zijn (schooljongen zijn)	上学	shàng xué
naar school gaan	去学校	qù xué xiào
alfabet (het)	字母表	zì mǔ biǎo
vak (schoolvak)	课程	kè chéng
klaslokaal (het)	教室	jiào shì
les (de)	一堂课	yī táng kè
pauze (de)	课间休息	kè jiān xiū xi
bel (de)	铃	líng
schooltafel (de)	课桌	kè zhuō
schoolbord (het)	黑板	hēi bǎn
cijfer (het)	分数	fēnshù
goed cijfer (het)	好分数	hǎo fēnshù
slecht cijfer (het)	不好分数	bù hǎo fēnshù
een cijfer geven	打分数	dǎ fēnshù
fout (de)	错误	cuò wù
fouten maken	犯错	fàn cuò
corrigeren (fouten ~)	改错	gǎi cuò
spiekbriefje (het)	小抄	xiǎo chāo
huiswerk (het)	家庭作业	jiā tíng zuò yè
oefening (de)	练习	liàn xí
aanwezig zijn (ww)	出席	chū xí
absent zijn (ww)	缺席	quē xí
bestraffen (een stout kind ~)	惩罚	chéng fá
bestraffing (de)	惩罚	chéng fá
gedrag (het)	行为，举止	xíng wéi, jǔ zhǐ
cijferlijst (de)	成绩单	chéng jì dān
potlood (het)	铅笔	qiān bǐ

gom (de)	橡皮擦	xiàng pí cā
krijt (het)	粉笔	fěnbǐ
pennendoos (de)	铅笔盒	qiān bǐ hé
boekentas (de)	书包	shū bāo
pen (de)	钢笔	gāng bǐ
schrift (de)	练习簿	liàn xí bù
leerboek (het)	课本	kè běn
passer (de)	圆规	yuáng uī
technisch tekenen (ww)	画	huà
technische tekening (de)	工程图	gōng chéng tú
gedicht (het)	诗	shī
van buiten (bw)	凭记性	píng jì xìng
van buiten leren	记住	jì zhù
vakantie (de)	学校假期	xué xiào jià qī
met vakantie zijn	放假	fàng jià
toets (schriftelijke ~)	测试，考试	cè shì, kǎo shì
opstel (het)	作文	zuò wén
dictee (het)	听写	tīng xiě
examen (het)	考试	kǎo shì
examen afleggen	参加考试	cān jiā kǎo shì
experiment (het)	实验	shí yàn

118. Hogeschool. Universiteit

academie (de)	学院	xué yuàn
universiteit (de)	大学	dà xué
faculteit (de)	系	xì
student (de)	大学生	dà xué shēng
studente (de)	大学生	dà xué shēng
leraar (de)	讲师	jiǎng shī
collegezaal (de)	讲堂	jiǎng táng
afgestudeerde (de)	毕业生	bì yè shēng
diploma (het)	毕业证	bì yè zhèng
dissertatie (de)	学位论文	xuéwèi lùnwén
onderzoek (het)	研究报告	yán jiū bào gào
laboratorium (het)	实验室	shí yàn shì
college (het)	讲课	jiǎng kè
medestudent (de)	同学	tóng xué
studiebeurs (de)	奖学金	jiǎng xué jīn
academische graad (de)	学位	xué wèi

119. Wetenschappen. Disciplines

wiskunde (de)	数学	shù xué
algebra (de)	代数学	dài shù xué

meetkunde (de)	几何学	jǐ hé xué
astronomie (de)	天文学	tiān wén xué
biologie (de)	生物学	shēng wù xué
geografie (de)	地理学	dì lǐ xué
geologie (de)	地质学	dì zhì xué
geschiedenis (de)	历史学	lìshǐ xué

geneeskunde (de)	医学	yī xué
pedagogiek (de)	教育学	jiàoyù xué
rechten (mv.)	法学	fǎ xué

fysica, natuurkunde (de)	物理学	wù lǐ xué
scheikunde (de)	化学	huà xué
filosofie (de)	哲学	zhé xué
psychologie (de)	心理学	xīn lǐ xué

120. Schrift. Spelling

grammatica (de)	语法	yǔ fǎ
vocabulaire (het)	词汇	cí huì
fonetiek (de)	语音学	yǔ yīn xué

zelfstandig naamwoord (het)	名词	míng cí
bijvoeglijk naamwoord (het)	形容词	xíng róng cí
werkwoord (het)	动词	dòng cí
bijwoord (het)	副词	fùcí

voornaamwoord (het)	代词	dài cí
tussenwerpsel (het)	感叹词	gǎn tàn cí
voorzetsel (het)	介词	jiè cí

stam (de)	词根	cí gēn
achtervoegsel (het)	词尾	cí wěi
voorvoegsel (het)	前缀	qián zhuì
lettergreep (de)	音节	yīn jié
achtervoegsel (het)	后缀	hòu zhuì

| nadruk (de) | 重音 | zhòng yīn |
| afkappingsteken (het) | 撇号 | piē hào |

punt (de)	点	diǎn
komma (de/het)	逗号	dòu hào
puntkomma (de)	分号	fēn hào
dubbelpunt (de)	冒号	mào hào
beletselteken (het)	省略号	shěng lüè hào

| vraagteken (het) | 问号 | wèn hào |
| uitroepteken (het) | 感叹号 | gǎn tàn hào |

aanhalingstekens (mv.)	引号	yǐn hào
tussen aanhalingstekens (bw)	在引号	zài yǐn hào
haakjes (mv.)	括号	kuò hào
tussen haakjes (bw)	在圆括号	zài yuán kuò hào
streepje (het)	连字符	lián zì fú

gedachtestreepje (het)	破折号	pò zhé hào
spatie	空白	kòng bái
(~ tussen twee woorden)		
letter (de)	字母	zì mǔ
hoofdletter (de)	大写字母	dà xiě zì mǔ
klinker (de)	元音	yuán yīn
medeklinker (de)	辅音	fǔyīn
zin (de)	句子	jù zi
onderwerp (het)	主语	zhǔ yǔ
gezegde (het)	谓语	wèi yǔ
regel (in een tekst)	行	háng
op een nieuwe regel (bw)	另起一行	lìng qǐ yī xíng
alinea (de)	段，段落	duàn, duàn luò
woord (het)	字，单词	zì, dāncí
woordgroep (de)	词组	cí zǔ
uitdrukking (de)	短语	duǎn yǔ
synoniem (het)	同义词	tóng yì cí
antoniem (het)	反义词	fǎn yì cí
regel (de)	规则	guī zé
uitzondering (de)	例外	lì wài
correct (bijv. ~e spelling)	正确的	zhèng què de
vervoeging, conjugatie (de)	变位	biàn wèi
verbuiging, declinatie (de)	变格	biàn gé
naamval (de)	名词格	míng cí gé
vraag (de)	问题	wèn tí
onderstrepen (ww)	在 ⋯ 下画线	zài … xià huà xiàn
stippellijn (de)	点线	diǎn xiàn

121. Vreemde talen

taal (de)	语言	yǔ yán
vreemde taal (de)	外语	wài yǔ
leren (bijv. van buiten ~)	学习	xué xí
studeren (Nederlands ~)	学，学习	xué, xué xí
lezen (ww)	读	dú
spreken (ww)	说	shuō
begrijpen (ww)	明白	míng bai
schrijven (ww)	写	xiě
snel (bw)	快	kuài
langzaam (bw)	慢慢地	màn màn de
vloeiend (bw)	流利	liú lì
regels (mv.)	规则	guī zé
grammatica (de)	语法	yǔ fǎ
vocabulaire (het)	词汇	cí huì

fonetiek (de)	语音学	yǔ yīn xué
leerboek (het)	课本	kè běn
woordenboek (het)	词典	cí diǎn
leerboek (het) voor zelfstudie	自学的书	zì xué de shū
taalgids (de)	短语手册	duǎn yǔ shǒu cè
cassette (de)	磁带	cí dài
videocassette (de)	录像带	lù xiàng dài
CD (de)	光盘	guāng pán
DVD (de)	数字影碟	shù zì yǐng dié
alfabet (het)	字母表	zì mǔ biǎo
spellen (ww)	拼写	pīn xiě
uitspraak (de)	发音	fā yīn
accent (het)	口音	kǒu yin
met een accent (bw)	带口音	dài kǒu yin
zonder accent (bw)	没有口音	méiyǒu kǒuyin
woord (het)	字，单词	zì, dāncí
betekenis (de)	意义	yì yì
cursus (de)	讲座	jiǎng zuò
zich inschrijven (ww)	报名	bào míng
leraar (de)	老师	lǎo shī
vertaling (een ~ maken)	翻译	fān yì
vertaling (tekst)	翻译	fān yì
vertaler (de)	翻译，译者	fān yì, yì zhě
tolk (de)	口译者	kǒu yì zhě
geheugen (het)	记忆力	jì yì lì

122. Sprookjesfiguren

Sinterklaas (de)	圣诞老人	shèngdàn lǎorén
Assepoester (de)	灰姑娘	huī gū niang
magiër, tovenaar (de)	魔法师	mó fǎ shī
goede heks (de)	好女巫	hǎo nǚ wū
magisch (bn)	魔术的	mó shù de
toverstokje (het)	魔术棒	mó shù bàng
sprookje (het)	神话	shén huà
wonder (het)	奇迹	qí jì
dwerg (de)	小矮人	xiǎo ǎi rén
veranderen in … (anders worden)	变成 …	biàn chéng …
geest (de)	鬼，幽灵	guǐ, yōulíng
spook (het)	鬼魂	guǐ hún
monster (het)	怪物	guài wu
draak (de)	龙	lóng
reus (de)	巨人	jù rén

123. Dierenriem

Ram (de)	白羊座	bái yáng zuò
Stier (de)	金牛座	jīn niú zuò
Tweelingen (mv.)	双子座	shuāng zǐ zuò
Kreeft (de)	巨蟹座	jù xiè zuò
Leeuw (de)	狮子座	shī zi zuò
Maagd (de)	室女座	shì nǚ zuò
Weegschaal (de)	天秤座	tiān chèng zuò
Schorpioen (de)	天蝎座	tiān xiē zuò
Boogschutter (de)	人马座	rén mǎ zuò
Steenbok (de)	摩羯座	mó jié zuò
Waterman (de)	宝瓶座	bǎo píng zuò
Vissen (mv.)	双鱼座	shuāng yú zuò
karakter (het)	品行	pǐn xíng
karaktertrekken (mv.)	品格	pǐn gé
gedrag (het)	行为	xíng wéi
waarzeggen (ww)	占卜	zhānbǔ
waarzegster (de)	女占卜者	nǚ zhānbǔ zhě
horoscoop (de)	天宫图	tiān gōng tú

Kunst

124. Theater

theater (het)	剧院	jù yuàn
opera (de)	歌剧	gē jù
operette (de)	轻歌剧	qīng gē jù
ballet (het)	芭蕾舞	bālěi wǔ
affiche (de/het)	戏剧海报	xì jù hǎi bào
theatergezelschap (het)	剧团	jù tuán
tournee (de)	巡回演出	xún huí yǎn chū
op tournee zijn	巡回演出	xún huí yǎn chū
repeteren (ww)	排演	pái yǎn
repetitie (de)	排演	pái yǎn
repertoire (het)	全部节目	quán bù jié mù
voorstelling (de)	演出	yǎn chū
spektakel (het)	戏剧	xì jù
toneelstuk (het)	戏剧	xì jù
biljet (het)	票	piào
kassa (de)	售票处	shòu piàn chù
foyer (de)	大厅	dà tīng
garderobe (de)	衣帽间	yī mào jiān
garderobe nummer (het)	号牌	hàopái
verrekijker (de)	望远镜	wàng yuǎn jìng
plaatsaanwijzer (de)	引座员	yǐn zuò yuán
parterre (de)	池座	chízuò
balkon (het)	楼座，楼厅	lóu zuò, lóu tīng
gouden rang (de)	二楼厢座	érlóu xiāngzuò
loge (de)	包厢	bāo xiāng
rij (de)	排	pái
plaats (de)	座位	zuò wèi
publiek (het)	观众	guān zhòng
kijker (de)	观众	guān zhòng
klappen (ww)	鼓掌	gǔ zhǎng
applaus (het)	掌声	zhǎng shēng
ovatie (de)	热烈欢迎	rè liè huān yíng
toneel (op het ~ staan)	舞台	wǔ tái
gordijn, doek (het)	幕	mù
toneeldecor (het)	布景	bù jǐng
backstage (de)	后台	hòu tái
scène (de)	场	chǎng
bedrijf (het)	幕	mù
pauze (de)	幕间休息	mù jiān xiū xi

125. Bioscoop

acteur (de)	演员	yǎnyuán
actrice (de)	女演员	nǚ yǎnyuán
bioscoop (de)	电影业	diànyǐng yè
speelfilm (de)	电影	diànyǐng
aflevering (de)	一集	yī jí
detectivefilm (de)	侦探	zhēn tàn
actiefilm (de)	动作片	dòngzuò piàn
avonturenfilm (de)	惊险片	jīngxiǎn piàn
sciencefictionfilm (de)	科幻片	kēhuàn piàn
griezelfilm (de)	恐怖片	kǒngbù piàn
komedie (de)	喜剧片	xǐ jù piàn
melodrama (het)	传奇片	chuánqí piàn
drama (het)	戏剧片	xì jù piàn
speelfilm (de)	故事片	gùshi piàn
documentaire (de)	纪录片	jì lù piàn
tekenfilm (de)	动画片	dònghuà piàn
stomme film (de)	无声电影	wúshēng diànyǐng
rol (de)	角色	jué sè
hoofdrol (de)	主角	zhǔ jué
spelen (ww)	扮演	bà nyǎn
filmster (de)	电影明星	diànyǐng míng xīng
bekend (bn)	著名的	zhù míng de
beroemd (bn)	著名的	zhù míng de
populair (bn)	有名的	yǒu míng de
scenario (het)	剧本	jùběn
scenarioschrijver (de)	编剧	biān jù
regisseur (de)	导演	dǎo yǎn
filmproducent (de)	制片人	zhì piàn rén
assistent (de)	助理	zhù lǐ
cameraman (de)	摄影师	shè yǐng shī
stuntman (de)	特技演员	tè jì yǎnyuán
een film maken	拍电影	pāi diàn yǐng
auditie (de)	试镜头	shì jìng tóu
opnamen (mv.)	拍摄	pāi shè
filmploeg (de)	电影摄制组	diànyǐng shèzhìzǔ
filmset (de)	电影场景	diànyǐng chǎng jǐng
filmcamera (de)	摄影机	shèyǐng jī
bioscoop (de)	电影院	diànyǐng yuàn
scherm (het)	银幕	yín mù
een film vertonen	放映电影	fàngyìng diànyǐng
geluidsspoor (de)	电影声带	diànyǐng shēng dài
speciale effecten (mv.)	特技效果	tè jì xiào guǒ
ondertiteling (de)	字幕	zì mù

| voortiteling, aftiteling (de) | 电影片尾字幕 | diànyǐng piān wěi zì mù |
| vertaling (de) | 翻译 | fān yì |

126. Schilderij

kunst (de)	艺术	yì shù
schone kunsten (mv.)	美术	měi shù
kunstgalerie (de)	画廊，艺廊	huà láng, yì láng
kunsttentoonstelling (de)	画展	huà zhǎn

schilderkunst (de)	绘画	huì huà
grafiek (de)	图形艺术	tú xíng yìshù
abstracte kunst (de)	抽象派艺术	chōu xiàng pài yìshù
impressionisme (het)	印象主义	yìnxiàng zhǔyì

schilderij (het)	画	huà
tekening (de)	图画	tú huà
poster (de)	宣传画	xuān chuán huà

illustratie (de)	插图	chā tú
miniatuur (de)	微型画	wēi xíng huà
kopie (de)	摹本	mó běn
reproductie (de)	复制品	fù zhì pǐn

mozaïek (het)	镶嵌画	xiāng qiàn huà
fresco (het)	壁画	bì huà
gravure (de)	版画	bǎn huà

buste (de)	半身像	bàn shēn xiàng
beeldhouwwerk (het)	雕塑	diāo sù
beeld (bronzen ~)	塑像	sù xiàng
gips (het)	石膏	shí gāo
gipsen (bn)	石膏的	shí gāo de

portret (het)	肖像画	xiào xiàng huà
zelfportret (het)	自画像	zì huà xiàng
landschap (het)	风景画	fēng jǐng huà
stilleven (het)	静物画	jìng wù huà
karikatuur (de)	漫画	màn huà

verf (de)	颜料	yánliào
aquarel (de)	水彩颜料	shuǐcǎi yánliào
olieverf (de)	油画颜料	yóu huà yánliào
potlood (het)	铅笔	qiān bǐ
Oostindische inkt (de)	墨汁	mò zhī
houtskool (de)	炭条	tàn tiáo

| tekenen (met krijt) | 用铅笔画 | yòng qiān bǐ huà |
| schilderen (ww) | 画 | huà |

poseren (ww)	摆姿势	bǎi zī shì
naaktmodel (man)	模特儿	mó tè er
naaktmodel (vrouw)	模特儿	mó tè er
kunstenaar (de)	画家	huà jiā

kunstwerk (het)	艺术品	yì shù pǐn
meesterwerk (het)	杰作	jié zuò
studio, werkruimte (de)	画室	huà shì

schildersdoek (het)	油画布	yóu huà bù
schildersezel (de)	画架	huà jià
palet (het)	调色板	tiáo sè bǎn

lijst (een vergulde ~)	画框	huà kuàng
restauratie (de)	修复	xiū fù
restaureren (ww)	修复	xiū fù

127. Literatuur & Poëzie

literatuur (de)	文学	wén xué
auteur (de)	作家	zuò jiā
pseudoniem (het)	笔名	bǐ míng

boek (het)	书	shū
boekdeel (het)	卷	juàn
inhoudsopgave (de)	目录	mù lù
pagina (de)	页	yè
hoofdpersoon (de)	主角	zhǔ jué
handtekening (de)	签名	qiān míng

verhaal (het)	短篇小说	duǎnpiān xiǎoshuō
novelle (de)	中篇小说	zhōngpiān xiǎoshuō
roman (de)	长篇小说	chángpiān xiǎoshuō
werk (literatuur)	作品	zuò pǐn
fabel (de)	寓言	yù yán
detectiveroman (de)	侦探小说	zhēntàn xiǎoshuō

gedicht (het)	诗	shī
poëzie (de)	诗歌	shī gē
epos (het)	叙事诗	xù shì shī
dichter (de)	诗人	shī rén

fictie (de)	小说	xiǎo shuō
sciencefiction (de)	科幻	kē huàn
avonturenroman (de)	冒险	mào xiǎn
opvoedkundige literatuur (de)	教育文献	jiào yù wén xiàn
kinderliteratuur (de)	儿童文学	értóng wénxué

128. Circus

circus (de/het)	马戏团	mǎ xì tuán
chapiteau circus (de/het)	马戏篷	mǎ xì péng
programma (het)	节目单	jié mù dān
voorstelling (de)	演出	yǎn chū

| nummer (circus ~) | 节目 | jié mù |
| arena (de) | 马戏场 | mǎ xì chǎng |

| pantomime (de) | 哑剧 | yǎ jù |
| clown (de) | 小丑 | xiǎo chǒu |

acrobaat (de)	杂技演员	zájì yǎnyuán
acrobatiek (de)	杂技	zájì
gymnast (de)	杂技演员	zájì yǎnyuán
gymnastiek (de)	杂技	zájì
salto (de)	翻跟头	fān gēn tou

sterke man (de)	大力士	dà lì shì
temmer (de)	驯服手	xùn fú shǒu
ruiter (de)	骑手	qí shǒu
assistent (de)	助手	zhù shǒu

stunt (de)	特技表演	tè jì biǎo yǎn
goocheltruc (de)	魔术	mó shù
goochelaar (de)	魔术师	mó shù shī

jongleur (de)	变戏法者	biàn xì fǎ zhě
jongleren (ww)	玩杂耍	wán zá shuǎ
dierentrainer (de)	驯养师	xùn yǎng shī
dressuur (de)	驯兽术	xún shòu shù
dresseren (ww)	训练	xùn liàn

129. Muziek. Popmuziek

muziek (de)	音乐	yīn yuè
muzikant (de)	音乐家	yīn yuè jiā
muziekinstrument (het)	乐器	yuè qì
spelen (bijv. gitaar ~)	弹 … , 弹奏	tán …, tán zòu

gitaar (de)	吉他	jí tā
viool (de)	小提琴	xiǎo tí qín
cello (de)	大提琴	dà tí qín
contrabas (de)	低音提琴	dī yīn tí qín
harp (de)	竖琴	shù qín

piano (de)	钢琴	gāng qín
vleugel (de)	大钢琴	dà gāng qín
orgel (het)	管风琴	guǎn fēng qín

blaasinstrumenten (mv.)	管乐器	guǎn yuè qì
hobo (de)	双簧管	shuāng huáng guǎn
saxofoon (de)	萨克斯管	sà kè sī guǎn
klarinet (de)	黑管	hēi guǎn
fluit (de)	长笛	cháng dí
trompet (de)	小号	xiǎo hào

| accordeon (de/het) | 手风琴 | shǒu fēng qín |
| trommel (de) | 鼓 | gǔ |

duet (het)	二重奏	èr chóng zòu
trio (het)	三重奏	sān chóng zòu
kwartet (het)	四重奏	sì chóng zòu

| koor (het) | 合唱队 | hé chàng duì |
| orkest (het) | 管弦乐队 | guǎn xián yuè duì |

popmuziek (de)	流行音乐	liúxíng yīnyuè
rockmuziek (de)	摇滚乐	yáo gǔn yuè
rockgroep (de)	摇滚乐队	yáo gǔn yuè duì
jazz (de)	爵士乐	jué shì yuè

| idool (het) | 偶像 | ǒu xiàng |
| bewonderaar (de) | 钦佩者 | qīn pèi zhě |

concert (het)	音乐会	yīnyuè huì
symfonie (de)	交响乐	jiāo xiǎng yuè
compositie (de)	音乐作品	yīnyuè zuòpǐn
componeren (muziek ~)	创作	chuàng zuò

zang (de)	唱歌	chàng gē
lied (het)	歌	gē
melodie (de)	曲调	qǔ diào
ritme (het)	节奏	jié zòu
blues (de)	蓝调音乐	lán diào yīn yuè

bladmuziek (de)	活页乐谱	huó yè lè pǔ
dirigeerstok (baton)	指挥棒	zhǐ huī bàng
strijkstok (de)	琴弓	qín gōng
snaar (de)	琴弦	qín xián
koffer (de)	琴盒	qín hé

Rusten. Entertainment. Reizen

130. Trip. Reizen

toerisme (het)	旅游	lǚ yóu
toerist (de)	旅行者	lǚ xíng zhě
reis (de)	旅行	lǚ xíng
avontuur (het)	冒险	mào xiǎn
tocht (de)	旅行	lǚ xíng
vakantie (de)	休假	xiū jià
met vakantie zijn	放假	fàng jià
rust (de)	休息	xiū xi
trein (de)	火车	huǒ chē
met de trein	乘火车	chéng huǒchē
vliegtuig (het)	飞机	fēijī
met het vliegtuig	乘飞机	chéng fēijī
met de auto	乘汽车	chéng qìchē
per schip (bw)	乘船	chéng chuán
bagage (de)	行李	xíng li
valies (de)	手提箱	shǒu tí xiāng
bagagekarretje (het)	行李车	xíng li chē
paspoort (het)	护照	hù zhào
visum (het)	签证	qiān zhèng
kaartje (het)	票	piào
vliegticket (het)	飞机票	fēijī piào
reisgids (de)	旅行指南	lǚ xíng zhǐ nán
kaart (de)	地图	dì tú
gebied (landelijk ~)	地方	dì fang
plaats (de)	地方	dì fang
exotische bestemming (de)	尖蕊鸢尾	jiān ruǐ yuān wěi
exotisch (bn)	外来的	wài lái de
verwonderlijk (bn)	惊人的	jīng rén de
groep (de)	组	zǔ
rondleiding (de)	游览	yóu lǎn
gids (de)	导游	dǎo yóu

131. Hotel

hotel (het)	酒店	jiǔ diàn
motel (het)	汽车旅馆	qì chē lǚ guǎn
3-sterren	三星级	sān xīng jí

| 5-sterren | 五星级 | wǔ xīng jí |
| overnachten (ww) | 暂住 | zàn zhù |

kamer (de)	房间	fáng jiān
eenpersoonskamer (de)	单人间	dān rén jiān
tweepersoonskamer (de)	双人间	shuāng rén jiān
een kamer reserveren	订房间	dìng fáng jiān

| halfpension (het) | 半膳宿 | bàn shàn sù |
| volpension (het) | 全食宿 | quán shí sù |

met badkamer	带洗澡间	dài xǐ zǎo jiān
met douche	带有淋浴	dài yǒu lín yù
satelliet-tv (de)	卫星电视	wèixīng diànshì
airconditioner (de)	空调	kōng tiáo
handdoek (de)	毛巾，浴巾	máo jīn, yù jīn
sleutel (de)	钥匙	yào shi

administrateur (de)	管理者	guǎn lǐ zhě
kamermeisje (het)	女服务员	nǚ fú wù yuán
piccolo (de)	行李生	xíng li shēng
portier (de)	看门人	kān mén rén

restaurant (het)	饭馆	fàn guǎn
bar (de)	酒吧	jiǔ bā
ontbijt (het)	早饭	zǎo fàn
avondeten (het)	晚餐	wǎn cān
buffet (het)	自助餐	zì zhù cān

| hal (de) | 大厅 | dà tīng |
| lift (de) | 电梯 | diàn tī |

| NIET STOREN | 请勿打扰 | qǐng wù dǎ rǎo |
| VERBODEN TE ROKEN! | 禁止吸烟 | jìnzhǐ xīyān |

132. Boeken. Lezen

boek (het)	书	shū
auteur (de)	作家	zuò jiā
schrijver (de)	作家	zuò jiā
schrijven (een boek)	写	xiě

lezer (de)	读者	dú zhě
lezen (ww)	读	dú
lezen (het)	阅读	yuè dú

| stil (~ lezen) | 默 | mò |
| hardop (~ lezen) | 出声地 | chū shēng de |

uitgeven (boek ~)	出版	chū bǎn
uitgeven (het)	出版	chū bǎn
uitgever (de)	出版者	chū bǎn zhě
uitgeverij (de)	出版社	chū bǎn shè
verschijnen (bijv. boek)	出版	chū bǎn

verschijnen (het)	出版	chū bǎn
oplage (de)	发行量	fā xíng liàng
boekhandel (de)	书店	shū diàn
bibliotheek (de)	图书馆	tú shū guǎn
novelle (de)	中篇小说	zhōngpiān xiǎoshuō
verhaal (het)	短篇小说	duǎnpiān xiǎoshuō
roman (de)	长篇小说	chángpiān xiǎoshuō
detectiveroman (de)	侦探小说	zhēntàn xiǎoshuō
memoires (mv.)	回忆录	huí yì lù
legende (de)	传说	chuán shuō
mythe (de)	神话	shén huà
gedichten (mv.)	诗	shī
autobiografie (de)	自传	zì zhuàn
bloemlezing (de)	选集	xuǎn jí
sciencefiction (de)	科幻	kē huàn
naam (de)	名称	míng chēng
inleiding (de)	前言	qián yán
voorblad (het)	书名页	shū míng yè
hoofdstuk (het)	章	zhāng
fragment (het)	摘录	zhāi lù
episode (de)	片断	piàn duàn
intrige (de)	情节	qíng jié
inhoud (de)	目录	mù lù
inhoudsopgave (de)	目录	mù lù
hoofdpersonage (het)	主角	zhǔ jué
boekdeel (het)	卷	juàn
omslag (de/het)	书皮	shū pí
boekband (de)	封面	fēng miàn
bladwijzer (de)	书签	shū qiān
pagina (de)	页	yè
bladeren (ww)	浏览	liú lǎn
marges (mv.)	页边	yè biān
annotatie (de)	注解	zhù jiě
opmerking (de)	附注	fù zhù
tekst (de)	文本	wén běn
lettertype (het)	铅字	qiān zì
drukfout (de)	印刷错误	yìn shuā cuò wù
vertaling (de)	翻译	fān yì
vertalen (ww)	翻译	fān yì
origineel (het)	原本	yuán běn
beroemd (bn)	著名的	zhù míng de
onbekend (bn)	不著名的	bù zhù míng de
interessant (bn)	有趣的	yǒu qù de
bestseller (de)	畅销书	chàngxiāo shū

woordenboek (het)	词典	cí diǎn
leerboek (het)	课本	kè běn
encyclopedie (de)	百科全书	bǎi kē quán shū

133. Jacht. Vissen.

jacht (de)	打猎	dǎ liè
jagen (ww)	打猎	dǎ liè
jager (de)	猎人	liè rén

schieten (ww)	射击	shè jī
geweer (het)	火枪	huǒ qiāng
patroon (de)	枪弹	qiāng dàn
hagel (de)	铅沙弹	qiān shā dàn

val (de)	陷阱	xiàn jǐng
valstrik (de)	罗网	luó wǎng
een val zetten	陷阱	xiàn jǐng
stroper (de)	偷猎者	tōu liè zhě
wild (het)	猎物	liè wù
jachthond (de)	猎犬	liè quǎn
safari (de)	游猎	yóu liè
opgezet dier (het)	动物标本	dòng wù biāo běn

visser (de)	渔夫	yú fū
visvangst (de)	钓鱼	diào yú
vissen (ww)	钓鱼	diào yú
hengel (de)	钓竿	diào gān
vislijn (de)	钓鱼线	diào yú xiàn
haak (de)	鱼钩	yú gōu
dobber (de)	浮漂	fú piāo
aas (het)	饵	ěr

de hengel uitwerpen	抛鱼线	pāo yú xiàn
bijten (ov. de vissen)	上钩	shàng gōu
vangst (de)	捕鱼总量	bǔ yú zǒng liàng
wak (het)	冰窟窿	bīng kūlong

net (het)	鱼网	yú wǎng
boot (de)	小船	xiǎo chuán
vissen met netten	用网捕	yòng wǎng bǔ
het net uitwerpen	撒鱼网	sā yú wǎng
het net binnenhalen	拉鱼网	lā yú wǎng

walvisvangst (de)	捕鲸者	bǔ jīng zhě
walvisvaarder (de)	捕鲸船	bǔ jīng chuán
harpoen (de)	大鱼叉	dà yú chā

134. Spellen. Biljart

| biljart (het) | 台球 | tái qiú |
| biljartzaal (de) | 台球室 | tái qiú shì |

biljartbal (de)	球	qiú
een bal in het gat jagen	进球	jìn qiú
keu (de)	台球杆	tái qiú gān
gat (het)	球袋	qiú dài

135. Spellen. Speelkaarten

ruiten (mv.)	红方块	hóng fāng kuài
schoppen (mv.)	黑挑	hēi tiǎo
klaveren (mv.)	红挑	hóng tiǎo
harten (mv.)	梅花	méi huā
aas (de)	A纸牌	A zhǐ pái
koning (de)	老K	lǎo kei
dame (de)	王后，Q	wáng hòu, kyu
boer (de)	杰克	jié kè
speelkaart (de)	纸牌	zhǐ pái
kaarten (mv.)	纸牌	zhǐ pái
troef (de)	王牌	wáng pái
pak (het) kaarten	一副纸牌	yī fù zhǐ pái
uitdelen (kaarten ~)	发牌	fā pái
schudden (de kaarten ~)	洗牌	xǐ pái
beurt (de)	一出	yīchū
valsspeler (de)	老千	lǎo qiān

136. Rusten. Spellen. Diversen

wandelen (on.ww.)	散步	sàn bù
wandeling (de)	散步	sàn bù
trip (per auto)	游玩	yóu wán
avontuur (het)	冒险	mào xiǎn
picknick (de)	野餐	yě cān
spel (het)	游戏	yóu xì
speler (de)	选手	xuǎn shǒu
partij (de)	一局，一盘	yī jú, yī pán
collectioneur (de)	收藏家	shōu cáng jiā
collectioneren (ww)	收藏	shōu cáng
collectie (de)	收藏品	shōu cáng pǐn
kruiswoordraadsel (het)	纵横字谜	zòng héng zì mí
hippodroom (de)	赛马场	sài mǎ chǎng
discotheek (de)	迪斯科舞厅	dí sī kē wǔ tīng
sauna (de)	蒸气浴	zhēng qì yù
loterij (de)	彩票	cǎi piào
trektocht (kampeertocht)	旅行	lǚ xíng
kamp (het)	野营地	yě yíng dì

tent (de)	帐篷	zhàng peng
kompas (het)	指南针	zhǐ nán zhēn
rugzaktoerist (de)	露营者	lù yíng zhě

bekijken (een film ~)	看	kàn
kijker (televisie~)	电视观众	diàn shì guān zhòng
televisie-uitzending (de)	电视节目	diàn shì jié mù

137. Fotografie

| fotocamera (de) | 照相机 | zhào xiàng jī |
| foto (de) | 照片 | zhào piàn |

fotograaf (de)	摄影师	shè yǐng shī
fotostudio (de)	照相馆	zhào xiàng guǎn
fotoalbum (het)	相册	xiàng cè

lens (de), objectief (het)	镜头	jìng tóu
telelens (de)	长焦镜头	cháng jiāo jìngtóu
filter (de/het)	滤镜	lǜ jìng
lens (de)	透镜	tòu jìng

optiek (de)	套机镜头	tào jī jìng tóu
diafragma (het)	光圈	guāng quān
belichtingstijd (de)	曝光时间	pù guāng shí jiān
zoeker (de)	取景器	qǔ jǐng qì

digitale camera (de)	数码相机	shù mǎ xiàng jī
statief (het)	三角架	sān jiǎo jià
flits (de)	闪光灯	shǎn guāng dēng
fotograferen (ww)	拍照	pāi zhào
kieken (foto's maken)	拍照	pāi zhào
zich laten fotograferen	照相	zhào xiàng

focus (de)	焦点	jiāo diǎn
scherpstellen (ww)	调整焦距	tiáo zhěng jiāo jù
scherp (bn)	清晰的	qīng xī de
scherpte (de)	清晰度	qīng xī dù

| contrast (het) | 反差 | fǎn chā |
| contrastrijk (bn) | 反差的 | fǎn chā de |

kiekje (het)	照片	zhào piàn
negatief (het)	负片	fù piàn
filmpje (het)	胶卷	jiāo juǎn
beeld (frame)	相框	xiàng kuàng
afdrukken (foto's ~)	打印	dǎ yìn

138. Strand. Zwemmen

| strand (het) | 沙滩 | shā tān |
| zand (het) | 沙，沙子 | shā, shā zi |

leeg (~ strand)	沙漠的	shā mò de
bruine kleur (de)	晒黑	shài hēi
zonnebaden (ww)	晒黑	shài hēi
gebruind (bn)	晒黑的	shài hēi de
zonnecrème (de)	防晒油	fáng shài yóu
bikini (de)	比基尼	bǐjīní
badpak (het)	游泳衣	yóu yǒng yī
zwembroek (de)	游泳裤	yóu yǒng kù
zwembad (het)	游泳池	yóu yǒng chí
zwemmen (ww)	游泳	yóuyǒng
douche (de)	淋浴	lín yù
zich omkleden (ww)	换衣服	huàn yī fu
handdoek (de)	毛巾	máo jīn
boot (de)	小船	xiǎo chuán
motorboot (de)	汽艇	qì tǐng
waterski's (mv.)	滑水橇	huá shuǐ qiāo
waterfiets (de)	水上单车	shuǐ shàng dān chē
surfen (het)	冲浪	chōng làng
surfer (de)	冲浪者	chōng làng zhě
scuba, aqualong (de)	水肺	shuǐ fèi
zwemvliezen (mv.)	脚蹼	jiǎo pǔ
duikmasker (het)	潜水面罩	qián shuǐ miàn zhào
duiker (de)	潜水者	qián shuǐ zhě
duiken (ww)	跳水	tiào shuǐ
onder water (bw)	在水下	zài shuǐ xià
parasol (de)	太阳伞	tài yáng sǎn
ligstoel (de)	躺椅	tǎng yǐ
zonnebril (de)	太阳镜	tài yáng jìng
luchtmatras (de/het)	充气床垫	chōngqì chuángdiàn
spelen (ww)	玩	wán
gaan zwemmen (ww)	去游泳	qù yóu yǒng
bal (de)	沙滩球	shā tān qiú
opblazen (oppompen)	用泵	yòng bèng
lucht-, opblaasbare (bn)	可充气的	kě chōng qì de
golf (hoge ~)	波浪	bō làng
boei (de)	浮标	fú biāo
verdrinken (ww)	溺死	nì sǐ
redden (ww)	救出	jiù chū
reddingsvest (de)	救生衣	jiù shēng yī
waarnemen (ww)	观察	guān chá
redder (de)	救生员	jiù shēng yuán

TECHNISCHE APPARATUUR. VERVOER

Technische apparatuur

139. Computer

computer (de)	电脑	diàn nǎo
laptop (de)	笔记本电脑	bǐ jì běn diàn nǎo
aanzetten (ww)	打开	dǎ kāi
uitzetten (ww)	关	guān
toetsenbord (het)	键盘	jiàn pán
toets (enter~)	键	jiàn
muis (de)	鼠标	shǔ biāo
muismat (de)	鼠标垫	shǔ biāo diàn
knopje (het)	按钮	àn niǔ
cursor (de)	光标	guāng biāo
monitor (de)	监视器	jiān shì qì
scherm (het)	屏幕	píng mù
harde schijf (de)	硬盘	yìng pán
volume (het) van de harde schijf	硬盘容量	yìng pán róngliàng
geheugen (het)	内存	nèi cún
RAM-geheugen (het)	随机存储器	suí jī cún chǔ qì
bestand (het)	文件	wén jiàn
folder (de)	文件夹	wén jiàn jiā
openen (ww)	打开	dǎ kāi
sluiten (ww)	关闭	guān bì
opslaan (ww)	保存	bǎo cún
verwijderen (wissen)	删除	shān chú
kopiëren (ww)	复制	fù zhì
sorteren (ww)	排序	pái xù
overplaatsen (ww)	复制	fù zhì
programma (het)	程序	chéng xù
software (de)	软件	ruǎn jiàn
programmeur (de)	程序员	chéng xù yuán
programmeren (ww)	编制程序	biān zhì chéng xù
hacker (computerkraker)	黑客	hēi kè
wachtwoord (het)	密码	mì mǎ
virus (het)	病毒	bìng dú
ontdekken (virus ~)	发现	fā xiàn

| byte (de) | 字节 | zìjié |
| megabyte (de) | 兆字节 | zhào zìjié |

| data (de) | 数据 | shù jù |
| databank (de) | 数据库 | shù jù kù |

kabel (USB-~, enz.)	电缆	diàn lǎn
afsluiten (ww)	断开	duàn kāi
aansluiten op (ww)	连接	lián jiē

140. Internet. E-mail

internet (het)	因特网	yīn tè wǎng
browser (de)	浏览器	liú lǎn qì
zoekmachine (de)	搜索引擎	sōu suǒ yǐn qíng
internetprovider (de)	互联网服务供应商	hù lián wǎng fú wù gōng yìng shāng

webmaster (de)	网站管理员	wǎng zhàn guǎnlǐyuán
website (de)	网站	wǎng zhàn
webpagina (de)	网页	wǎng yè

| adres (het) | 地址 | dì zhǐ |
| adresboek (het) | 通讯录 | tōng xùn lù |

| postvak (het) | 邮箱 | yóu xiāng |
| post (de) | 邮件 | yóu jiàn |

bericht (het)	邮件消息	yóujiàn xiāoxi
verzender (de)	发信人	fā xìn rén
verzenden (ww)	发信	fā xìn
verzending (de)	发信	fā xìn
ontvanger (de)	收信人	shōu xìn rén
ontvangen (ww)	收到	shōu dào

| correspondentie (de) | 通信 | tōng xìn |
| corresponderen (met ...) | 通信 | tōng xìn |

bestand (het)	文件	wén jiàn
downloaden (ww)	下载	xià zǎi
creëren (ww)	创造	chuàng zào
verwijderen (een bestand ~)	删除	shān chú
verwijderd (bn)	删除的	shān chú de

verbinding (de)	连接	lián jiē
snelheid (de)	速度	sù dù
modem (de)	调制解调器	tiáo zhì jiě diào qì
toegang (de)	存取	cún qǔ
poort (de)	端口	duān kǒu

aansluiting (de)	连接	lián jiē
zich aansluiten (ww)	连接	lián jiē
selecteren (ww)	选	xuǎn
zoeken (ww)	搜寻	sōu xún

Vervoer

141. Vliegtuig

vliegtuig (het)	飞机	fēijī
vliegticket (het)	飞机票	fēijī piào
luchtvaartmaatschappij (de)	航空公司	hángkōng gōngsī
luchthaven (de)	机场	jī chǎng
supersonisch (bn)	超音速的	chāo yīn sù de
gezagvoerder (de)	机长	jī zhǎng
bemanning (de)	机组	jī zǔ
piloot (de)	飞行员	fēi xíng yuán
stewardess (de)	空姐	kōng jiě
stuurman (de)	领航员	lǐng háng yuán
vleugels (mv.)	机翼	jī yì
staart (de)	机尾	jī wěi
cabine (de)	座舱	zuò cāng
motor (de)	发动机	fā dòng jī
landingsgestel (het)	起落架	qǐ luò jià
turbine (de)	涡轮	wō lún
propeller (de)	螺旋桨	luó xuán jiǎng
zwarte doos (de)	黑匣子	hēi xiá zi
stuur (het)	飞机驾驶盘	fēijī jiàshǐpán
brandstof (de)	燃料	rán liào
veiligheidskaart (de)	指南	zhǐ nán
zuurstofmasker (het)	氧气面具	yǎngqì miànjù
uniform (het)	制服	zhì fú
reddingsvest (de)	救生衣	jiù shēng yī
parachute (de)	降落伞	jiàng luò sǎn
opstijgen (het)	起飞	qǐ fēi
opstijgen (ww)	起飞	qǐ fēi
startbaan (de)	跑道	pǎo dào
zicht (het)	可见度	kě jiàn dù
vlucht (de)	飞行	fēi xíng
hoogte (de)	高度	gāo dù
luchtzak (de)	气潭	qì tán
plaats (de)	座位	zuò wèi
koptelefoon (de)	耳机	ěr jī
tafeltje (het)	折叠托盘	zhé dié tuō pán
venster (het)	舷窗，机窗	xián chuāng, jī chuāng
gangpad (het)	过道	guò dào

142. Trein

trein (de)	火车	huǒ chē
elektrische trein (de)	电动火车	diàndòng huǒ chē
sneltrein (de)	快车	kuài chē
diesellocomotief (de)	内燃机车	nèiránjī chē
locomotief (de)	蒸汽机车	zhēngqìjī chē
rijtuig (het)	铁路客车	tiě lù kè chē
restauratierijtuig (het)	餐车	cān chē
rails (mv.)	铁轨	tiě guǐ
spoorweg (de)	铁路	tiě lù
dwarsligger (de)	枕木	zhěn mù
perron (het)	月台	yuè tái
spoor (het)	月台	yuè tái
semafoor (de)	臂板信号机	bìbǎn xìnhào jī
halte (bijv. kleine treinhalte)	火车站	huǒ chē zhàn
machinist (de)	火车司机	huǒ chē sī jī
kruier (de)	搬运工	bān yùn gōng
conducteur (de)	列车员	liè chē yuán
passagier (de)	乘客	chéng kè
controleur (de)	列车员	liè chē yuán
gang (in een trein)	走廊	zǒu láng
noodrem (de)	紧急制动器	jǐn jí zhì dòng qì
coupé (de)	包房	bāo fáng
bed (slaapplaats)	卧铺	wò pù
bovenste bed (het)	上铺	shàng pù
onderste bed (het)	下铺	xià pù
beddengoed (het)	被单	bèi dān
kaartje (het)	票	piào
dienstregeling (de)	列车时刻表	lièchē shíkèbiǎo
informatiebord (het)	时刻表	shí kè biǎo
vertrekken	离开	lí kāi
(De trein vertrekt …)		
vertrek (ov. een trein)	发车	fā chē
aankomen (ov. de treinen)	到达	dào dá
aankomst (de)	到达	dào dá
aankomen per trein	乘坐火车抵达	chéngzuò huǒchē dǐdá
in de trein stappen	上车	shàng chē
uit de trein stappen	下车	xià chē
locomotief (de)	蒸汽机车	zhēngqìjī chē
stoker (de)	添煤工	tiān méi gōng
stookplaats (de)	火箱	huǒ xiāng
steenkool (de)	煤炭	méi tàn

143. Schip

schip (het)	大船	dà chuán
vaartuig (het)	船	chuán
stoomboot (de)	汽船	qì chuán
motorschip (het)	江轮	jiāng lún
lijnschip (het)	远洋班轮	yuǎn yáng bān lún
kruiser (de)	巡洋舰	xún yáng jiàn
jacht (het)	快艇	kuài tǐng
sleepboot (de)	拖轮	tuō lún
duwbak (de)	驳船	bó chuán
ferryboot (de)	渡轮，渡船	dù lún, dù chuán
zeilboot (de)	帆船	fān chuán
brigantijn (de)	双桅帆船	shuāng wéi fān chuán
IJsbreker (de)	破冰船	pò bīng chuán
duikboot (de)	潜水艇	qián shuǐ tǐng
boot (de)	小船	xiǎo chuán
sloep (de)	小艇	xiǎo tǐng
reddingssloep (de)	救生艇	jiù shēng tǐng
motorboot (de)	汽艇	qì tǐng
kapitein (de)	船长，舰长	chuán zhǎng, jiàn zhǎng
zeeman (de)	水手	shuǐ shǒu
matroos (de)	海员	hǎi yuán
bemanning (de)	船员	chuán yuán
bootsman (de)	水手长	shuǐ shǒu zhǎng
scheepsjongen (de)	小水手	xiǎo shuǐ shǒu
kok (de)	船上厨师	chuánshàng chúshī
scheepsarts (de)	随船医生	suí chuán yī shēng
dek (het)	甲板	jiǎ bǎn
mast (de)	桅	wéi
zeil (het)	帆	fān
ruim (het)	货舱	huò cāng
voorsteven (de)	船头	chuán tóu
achtersteven (de)	船尾	chuán wěi
roeispaan (de)	桨	jiǎng
schroef (de)	螺旋桨	luó xuán jiǎng
kajuit (de)	小舱	xiǎo cāng
officierskamer (de)	旅客休息室	lǚkè xiū xī shì
machinekamer (de)	轮机舱	lún jī cāng
brug (de)	舰桥	jiàn qiáo
radiokamer (de)	无线电室	wú xiàn diàn shì
radiogolf (de)	波	bō
logboek (het)	航海日志	háng hǎi rì zhì
verrekijker (de)	单筒望远镜	dān tǒng wàng yuǎn jìng
klok (de)	钟	zhōng

vlag (de)	旗	qí
kabel (de)	缆绳	lǎn shéng
knoop (de)	结	jié

| trapleuning (de) | 栏杆 | lán gān |
| trap (de) | 舷梯 | xián tī |

anker (het)	锚	máo
het anker lichten	起锚	qǐ máo
het anker neerlaten	抛锚	pāo máo
ankerketting (de)	锚链	máo liàn

haven (bijv. containerhaven)	港市	gǎng shì
kaai (de)	码头	mǎ tóu
aanleggen (ww)	系泊	jì bó
wegvaren (ww)	启航	qǐ háng

reis (de)	旅行	lǚ xíng
cruise (de)	航游	háng yóu
koers (de)	航向	háng xiàng
route (de)	航线	háng xiàn

vaarwater (het)	水路	shuǐ lù
zandbank (de)	浅水	qiǎn shuǐ
stranden (ww)	搁浅	gē qiǎn

storm (de)	风暴	fēng bào
signaal (het)	信号	xìn hào
zinken (ov. een boot)	沉没	chén mò
SOS (noodsignaal)	求救信号	qiú jiù xìn hào
reddingsboei (de)	救生圈	jiù shēng quān

144. Vliegveld

luchthaven (de)	机场	jī chǎng
vliegtuig (het)	飞机	fēijī
luchtvaartmaatschappij (de)	航空公司	hángkōng gōngsī
luchtverkeersleider (de)	调度员	diào dù yuán

vertrek (het)	出发	chū fā
aankomst (de)	到达	dào dá
aankomen (per vliegtuig)	到达	dào dá

| vertrektijd (de) | 起飞时间 | qǐ fēi shíjiān |
| aankomstuur (het) | 到达时间 | dào dá shíjiān |

| vertraagd zijn (ww) | 晚点 | wǎn diǎn |
| vluchtvertraging (de) | 班机晚点 | bān jī wǎn diǎn |

informatiebord (het)	航班信息板	háng bān xìn xī bǎn
informatie (de)	信息	xìn xī
aankondigen (ww)	通知	tōng zhī
vlucht (bijv. KLM ~)	航班，班机	háng bān, bān jī
douane (de)	海关	hǎi guān

douanier (de)	海关人员	hǎi guān rényuán
douaneaangifte (de)	报关单	bào guān dān
een douaneaangifte invullen	填报关单	tián bào guān dān
paspoortcontrole (de)	护照检查	hùzhào jiǎnchá

bagage (de)	行李	xíng li
handbagage (de)	手提行李	shǒu tí xíng li
Gevonden voorwerpen	失物招领	shī wù zhāo lǐng
bagagekarretje (het)	行李车	xíng li chē

landing (de)	着陆	zhuó lù
landingsbaan (de)	跑道	pǎo dào
landen (ww)	着陆	zhuó lù
vliegtuigtrap (de)	舷梯	xián tī

inchecken (het)	办理登机	bàn lǐ dēng jī
incheckbalie (de)	办理登机手续处	bàn lǐ dēng jī shǒu xù chù
inchecken (ww)	登记	dēng jì
instapkaart (de)	登机牌	dēng jī pái
gate (de)	登机口	dēng jī kǒu

transit (de)	中转	zhōng zhuǎn
wachten (ww)	等候	děng hòu
wachtzaal (de)	出发大厅	chū fā dà tīng
begeleiden (uitwuiven)	送别	sòng bié
afscheid nemen (ww)	说再见	shuō zài jiàn

145. Fiets. Motorfiets

fiets (de)	自行车	zìxíngchē
bromfiets (de)	小轮摩托车	xiǎolún mótuōchē
motorfiets (de)	摩托车	mó tuō chē

met de fiets rijden	骑自行车去	qí zìxíngchē qù
stuur (het)	车把	chē bǎ
pedaal (de/het)	脚蹬	jiǎo dēng
remmen (mv.)	刹车	shā chē
fietszadel (de/het)	车座	chē zuò

pomp (de)	气筒	qì tǒng
bagagedrager (de)	后货架	hòu huò jià
fietslicht (het)	前灯	qián dēng
helm (de)	头盔	tóu kuī

wiel (het)	轮子	lún zi
spatbord (het)	挡泥板	dǎng ní bǎn
velg (de)	轮圈	lún quān
spaak (de)	辐条	fú tiáo

Auto's

146. Soorten auto's

auto (de)	汽车	qì chē
sportauto (de)	跑车	pǎo chē
limousine (de)	高级轿车	gāo jí jiào chē
terreinwagen (de)	越野车	yuè yě chē
cabriolet (de)	敞篷车	bì péng chē
minibus (de)	面包车	miàn bāo chē
ambulance (de)	救护车	jiù hù chē
sneeuwruimer (de)	扫雪车	sǎo xuě chē
vrachtwagen (de)	卡车	kǎ chē
tankwagen (de)	运油车	yùn yóu chē
bestelwagen (de)	厢式货车	xiāng shì huò chē
trekker (de)	牵引车	qiān yǐn chē
aanhangwagen (de)	拖车	tuō chē
comfortabel (bn)	舒适的	shū shì de
tweedehands (bn)	二手的	èr shǒu de

147. Auto's. Carrosserie

motorkap (de)	发动机罩	fā dòng jī zhào
spatbord (het)	挡泥板	dǎng ní bǎn
dak (het)	车顶	chē dǐng
voorruit (de)	挡风玻璃	dǎng fēng bōli
achterruit (de)	后视镜	hòu shì jìng
ruitensproeier (de)	挡风玻璃清洗	dǎng fēng bōli qīng xǐ
wisserbladen (mv.)	雨刷	yǔ shuā
zijruit (de)	侧窗	cè chuāng
raamlift (de)	窗升降机	chuāng shēng jiàng jī
antenne (de)	天线	tiān xiàn
zonnedak (het)	顶窗	dǐng chuāng
bumper (de)	保险杠	bǎo xiǎn gàng
koffer (de)	背箱	bēi xiāng
portier (het)	门	mén
handvat (het)	门把手	mén bǎ shǒu
slot (het)	门锁	mén suǒ
nummerplaat (de)	牌照	pái zhào
knalpot (de)	消音器	xiāo yīn qì

| benzinetank (de) | 汽油箱 | qì yóu xiāng |
| uitlaatpijp (de) | 排气尾管 | pái qì wěi guǎn |

gas (het)	油门	yóu mén
pedaal (de/het)	踏板	tà bǎn
gaspedaal (de/het)	加油踏板	jiāyóu tàbǎn

rem (de)	刹车	shā chē
rempedaal (de/het)	刹车踏板	shā chē tà bǎn
remmen (ww)	刹车	shā chē
handrem (de)	手刹	shǒu chà

koppeling (de)	离合器	líhéqì
koppelingspedaal (de/het)	离合器踏板	líhéqì tàbǎn
koppelingsschijf (de)	离合器圆盘	líhéqì yuánpán
schokdemper (de)	减震器	jiǎn zhèn qì

wiel (het)	轮	lún
reservewiel (het)	备用轮胎	bèi yòng lún tāi
wieldop (de)	轮圈盖	lún quān gài

aandrijfwielen (mv.)	传动轮	chuán dòng lún
met voorwielaandrijving	前轮驱动	qián lún qū dòng
met achterwielaandrijving	后轮传动	hòu lún chuán dòng
met vierwielaandrijving	全轮驱动	quán lún qū dòng

versnellingsbak (de)	变速箱	biàn sù xiāng
automatisch (bn)	自动	zì dòng
mechanisch (bn)	机械式	jī xiè shì
versnellingspook (de)	变速杆	biàn sù gǎn

| voorlicht (het) | 前灯 | qián dēng |
| voorlichten (mv.) | 前灯 | qián dēng |

dimlicht (het)	近灯	jìn dēng
grootlicht (het)	远光灯	yuǎn guāng dēng
stoplicht (het)	刹车灯	shā chē dēng

standlichten (mv.)	位置灯	wèi shi dēng
noodverlichting (de)	危险信号灯	wēi xiǎn xìn hào dēng
mistlichten (mv.)	雾灯	wù dēng
pinker (de)	转向灯	zhuǎi xiàng dēng
achteruitrijdlicht (het)	倒车灯	dào chē dēng

148. Auto's. Passagiersruimte

interieur (het)	乘客室	chéng kè shì
leren (van leer gemaak)	皮革 …, 皮的	pí gé …, pí de
fluwelen (abn)	丝绒的	sī róng de
bekleding (de)	座椅套	zuò yǐ tào

toestel (het)	仪表	yí biǎo
instrumentenbord (het)	仪表板	yí biǎo bǎn
snelheidsmeter (de)	速度计	sù dù jì

pijltje (het)	针	zhēn
kilometerteller (de)	里程表	lǐ chéng biǎo
sensor (de)	指示灯	zhǐ shì dēng
niveau (het)	液位	yè wèi
controlelampje (het)	指示灯	zhǐ shì dēng
stuur (het)	方向盘	fāng xiàng pán
toeter (de)	喇叭	lǎ ba
knopje (het)	按钮	àn niǔ
schakelaar (de)	开关	kāi guān
stoel (bestuurders~)	座	zuò
rugleuning (de)	靠背	kào bèi
hoofdsteun (de)	头枕	tóu zhěn
veiligheidsgordel (de)	安全带	ān quán dài
de gordel aandoen	系上安全带	jìshang ān quán dài
regeling (de)	调整	tiáo zhěng
airbag (de)	安全气袋	ān quán qì dài
airconditioner (de)	空调	kōng tiáo
radio (de)	汽车音响	qì chē yīn xiǎng
CD-speler (de)	CD播放器	cidi bōfàngqì
aanzetten (bijv. radio ~)	打开	dǎ kāi
antenne (de)	天线	tiān xiàn
handschoenenkastje (het)	手套箱	shǒu tào xiāng
asbak (de)	烟灰缸	yān huī gāng

149. Auto's. Motor

motor (de)	发动机	fā dòng jī
diesel- (abn)	柴油 ···	chái yóu …
benzine- (~motor)	汽油 ···	qì yóu …
motorinhoud (de)	发动机体积	fādòngjī tǐjī
vermogen (het)	功率	gōng lǜ
paardenkracht (de)	马力	mǎ lì
zuiger (de)	活塞	huó sāi
cilinder (de)	汽缸	qì gāng
klep (de)	气门	qì mén
injectie (de)	注射器	zhù shè qì
generator (de)	发电机	fā diàn jī
carburator (de)	汽化器	qì huà qì
motorolie (de)	机油	jī yóu
radiator (de)	散热器	sàn rè qì
koelvloeistof (de)	冷却液	lěng què yè
ventilator (de)	冷却风扇	lěngquè fēng shàn
accu (de)	蓄电池	xù diàn chí
starter (de)	起动机	qǐ dòng jī
contact (ontsteking)	点火装置	diǎn huǒ zhuāng zhì
bougie (de)	火花塞	huǒ huā sāi

pool (de)	端子	duān zi
positieve pool (de)	加号	jiā hào
negatieve pool (de)	减号	jiǎn hào
zekering (de)	保险丝	bǎo xiǎn sī

luchtfilter (de)	空气滤清器	kōngqì lǜqīngqì
oliefilter (de)	机油滤清器	jīyóu lǜqīngqì
benzinefilter (de)	燃料滤清器	ránliào lǜqīngqì

150. Auto's. Botsing. Reparatie

auto-ongeval (het)	车祸	chē huò
verkeersongeluk (het)	车祸	chē huò
aanrijden	撞上 ···	zhuàng shàng ...
(tegen een boom, enz.)		
verongelukken (ww)	出事故	chū shì gù
beschadiging (de)	损坏	sǔn huài
heelhuids (bn)	完好无损	wán hǎo wú sǔn

kapot gaan (zijn gebroken)	出毛病	chū máo bìng
sleeptouw (het)	拖缆	tuō lǎn

lek (het)	扎破	zhā pò
lekke krijgen (band)	漏气	lòu qì
oppompen (ww)	充气，打气	chōng qì, dǎ qì
druk (de)	压力	yā lì
checken (controleren)	检查	jiǎn chá

reparatie (de)	修理	xiū lǐ
garage (de)	汽车修理厂	qì chē xiū lǐ chǎng
wisselstuk (het)	零件	líng jiàn
onderdeel (het)	部件	bù jiàn

bout (de)	螺栓	luó shuān
schroef (de)	螺钉	luó dīng
moer (de)	螺帽	luó mào
sluitring (de)	垫片	diàn piàn
kogellager (de/het)	轴承	zhóu chéng

pijp (de)	管	guǎn
pakking (de)	垫圈	diàn quān
kabel (de)	电线	diàn xiàn

dommekracht (de)	千斤顶	qiān jīn dǐng
moersleutel (de)	扳手	bān shǒu
hamer (de)	锤子	chuí zi
pomp (de)	气筒	qì tǒng
schroevendraaier (de)	螺丝刀	luó sī dāo

brandblusser (de)	灭火器	miè huǒ qì
gevarendriehoek (de)	三角警告牌	sān jiǎo jǐng gào pái

afslaan	突然熄火	tū rán xī huǒ
(ophouden te werken)		

uitvallen (het)	突然熄火	tū rán xī huǒ
zijn gebroken	抛锚	pāo máo
oververhitten (ww)	变得过热	biànde guò rè
verstopt raken (ww)	堵塞	dǔ sè
bevriezen (autodeur, enz.)	结冰	jié bīng
barsten (leidingen, enz.)	胀破	zhàng pò
druk (de)	压力	yā lì
niveau (bijv. olieniveau)	液位	yè wèi
slap (de drijfriem is ~)	松弛的	sōng chí de
deuk (de)	凹痕	āo hén
geklop (vreemde geluiden)	敲缸	qiāo gāng
barst (de)	裂纹	liè wén
kras (de)	划痕	huà hén

151. Auto's. Weg

weg (de)	路	lù
autoweg (de)	公路	gōng lù
richting (de)	方向	fāng xiàng
afstand (de)	距离	jùlí
brug (de)	桥	qiáo
parking (de)	停车场	tíng chē cháng
plein (het)	广场	guǎng chǎng
verkeersknooppunt (het)	互通式立交桥	hù tōng shì lì jiāo qiáo
tunnel (de)	隧道	suì dào
benzinestation (het)	加油站	jiā yóu zhàn
parking (de)	停车场	tíng chē cháng
benzinepomp (de)	气体泵	qì tǐ bèng
garage (de)	汽车修理厂	qì chē xiū lǐ chǎng
tanken (ww)	加汽油	jiā qì yóu
brandstof (de)	燃料	rán liào
jerrycan (de)	汽油罐	qì yóu guàn
asfalt (het)	柏油	bǎi yóu
markering (de)	道路标记	dào lù biāo jì
trottoirband (de)	路缘	lù yuán
geleiderail (de)	高速路护栏	gāo sù lù hù lán
greppel (de)	边沟	biān gōu
vluchtstrook (de)	路边	lù biān
lichtmast (de)	路灯，街灯	lù dēng, jiē dēng
besturen (een auto ~)	开车	kāi chē
afslaan (naar rechts ~)	转弯	zhuǎn wān
U-bocht maken (ww)	掉头	diào tóu
achteruit (de)	倒车档	dào chē dàng
toeteren (ww)	鸣笛	míng dí
toeter (de)	汽车喇叭声	qìchē lǎ ba shēng
vastzitten (in modder)	泥沼	ní zhǎo

spinnen (wielen gaan ~)	空转	kōng zhuàn
uitzetten (ww)	停止	tíng zhǐ
snelheid (de)	速度	sù dù
een snelheidsovertreding maken	超速	chāo sù
bekeuren (ww)	罚款	fá kuǎn
verkeerslicht (het)	红绿灯	hóng lǜ dēng
rijbewijs (het)	驾驶证	jià shǐ zhèng
overgang (de)	平交道	píng jiāo dào
kruispunt (het)	十字路口	shí zì lù kǒu
zebrapad (oversteekplaats)	人行横道	rén xíng héng dào
bocht (de)	转弯	zhuǎn wān
voetgangerszone (de)	步行区	bù xíng qū

MENSEN. GEBEURTENISSEN IN HET LEVEN

Gebeurtenissen in het leven

152. Vakanties. Evenement

feest (het)	庆典	qìng diǎn
nationale feestdag (de)	国家假日	guó jiā jià rì
feestdag (de)	公休假日	gōng xiū jià rì
herdenken (ww)	庆祝	qìng zhù
gebeurtenis (de)	事件	shì jiàn
evenement (het)	活动	huó dòng
banket (het)	宴会	yàn huì
receptie (de)	招待会	zhāo dài huì
feestmaal (het)	酒宴	jiǔ yàn
verjaardag (de)	周年	zhōu nián
jubileum (het)	周年纪念	zhōu nián jì niàn
vieren (ww)	庆祝	qìng zhù
Nieuwjaar (het)	新年	xīn nián
Gelukkig Nieuwjaar!	新年快乐!	xīn nián kuài lè!
Kerstfeest (het)	圣诞节	shèng dàn jié
Vrolijk kerstfeest!	圣诞 快乐!	shèng dàn kuài lè!
kerstboom (de)	圣诞树	shèng dàn shù
vuurwerk (het)	焰火	yàn huǒ
bruiloft (de)	婚礼	hūn lǐ
bruidegom (de)	新郎	xīn láng
bruid (de)	新娘	xīn niáng
uitnodigen (ww)	邀请	yāo qǐng
uitnodiging (de)	邀请	yāo qǐng
gast (de)	客人	kè rén
op bezoek gaan	做客	zuò kè
gasten verwelkomen	迎接客人	yíng jiē kè rén
geschenk, cadeau (het)	礼物	lǐ wù
geven (iets cadeau ~)	赠送	zèng sòng
geschenken ontvangen	收到礼物	shōu dào lǐ wù
boeket (het)	花束	huā shù
felicitaties (mv.)	祝贺	zhù hè
feliciteren (ww)	祝贺	zhù hè
wenskaart (de)	贺年片	hènián piàn
een kaartje versturen	寄明信片	jì míngxìn piàn

een kaartje ontvangen	收明信片	shōu míngxìn piàn
toast (de)	祝酒	zhù jiǔ
aanbieden (een drankje ~)	给	gěi
champagne (de)	香槟	xiāng bīn

plezier hebben (ww)	乐趣	lè qù
plezier (het)	娱乐	yú lè
vreugde (de)	欢欣	huān xīn

| dans (de) | 舞蹈 | wǔ dǎo |
| dansen (ww) | 跳舞 | tiào wǔ |

| wals (de) | 华尔兹 | huá ěr zī |
| tango (de) | 探戈舞 | tàn gē wǔ |

153. Begrafenissen. Begrafenis

kerkhof (het)	墓地	mùdì
graf (het)	墓穴	mù xué
grafsteen (de)	墓碑	mù bēi
omheining (de)	围栏	wéi lán
kapel (de)	小教堂	xiǎo jiào táng

dood (de)	死亡	sǐ wáng
sterven (ww)	死，死亡	sǐ, sǐ wáng
overledene (de)	死人	sǐ rén
rouw (de)	哀悼日	āi dào rì

begraven (ww)	埋葬	mái zàng
begrafenisonderneming (de)	殡仪馆	bìn yí guǎn
begrafenis (de)	葬礼	zàng lǐ

krans (de)	花圈	huā quān
doodskist (de)	棺材	guān cái
lijkwagen (de)	灵车	líng chē
lijkkleed (de)	裹尸布	guǒ shī bù

| urn (de) | 骨灰罐 | gǔ huī guàn |
| crematorium (het) | 火葬场 | huǒ zàng chǎng |

overlijdensbericht (het)	讣告，讣闻	fù gào, fù wén
huilen (wenen)	哭	kū
snikken (huilen)	啜泣	chuò qì

154. Oorlog. Soldaten

peloton (het)	排	pái
compagnie (de)	连	lián
regiment (het)	团	tuán
leger (armee)	军	jūn
divisie (de)	师	shī
sectie (de)	小分队	xiǎo fēn duì

troep (de)	军队	jūn duì
soldaat (militair)	士兵	shì bīng
officier (de)	军官	jūn guān

soldaat (rang)	士兵, 列兵	shìbīng, lièbīng
sergeant (de)	中士	zhōng shì
luitenant (de)	中尉	zhōng wèi
kapitein (de)	上尉	shàng wèi
majoor (de)	少校	shào xiào
kolonel (de)	上校	shàng xiào
generaal (de)	将军	jiāng jūn

matroos (de)	水兵	shuǐ bīng
kapitein (de)	上尉	shàng wèi
bootsman (de)	水手长	shuǐ shǒu zhǎng

artillerist (de)	炮兵	pào bīng
valschermjager (de)	伞兵	sǎn bīng
piloot (de)	飞行员	fēi xíng yuán
stuurman (de)	领航员	lǐng háng yuán
mecanicien (de)	机修工	jī xiū gōng

sappeur (de)	工兵	gōng bīng
parachutist (de)	伞兵	sǎn bīng
verkenner (de)	侦察兵	zhēn chá bīng
scherpschutter (de)	狙击手	jū jī shǒu

patrouille (de)	巡逻队	xún luó duì
patrouilleren (ww)	巡逻	xún luó
wacht (de)	哨兵	shào bīng

krijger (de)	勇士	yǒng shì
held (de)	英雄	yīng xióng
heldin (de)	女英雄	nǚ yīng xióng
patriot (de)	爱国者	ài guó zhě

verrader (de)	叛徒	pàn tú
deserteur (de)	逃兵	táo bīng
deserteren (ww)	擅离	shàn lí

huurling (de)	雇佣兵	gù yōng bīng
rekruut (de)	新兵	xīn bīng
vrijwilliger (de)	志愿兵	zhì yuàn bīng

gedode (de)	死者	sǐ zhě
gewonde (de)	伤员	shāng yuán
krijgsgevangene (de)	战俘	zhàn fú

155. Oorlog. Militaire acties. Deel 1

oorlog (de)	战争	zhàn zhēng
oorlog voeren (ww)	开战	kāi zhàn
burgeroorlog (de)	内战	nèi zhàn
achterbaks (bw)	背信弃义地	bèi xìn qì yì de

oorlogsverklaring (de)	宣战	xuān zhàn
verklaren (de oorlog ~)	宣战	xuān zhàn
agressie (de)	侵略	qīn lüè
aanvallen (binnenvallen)	侵略	qīn lüè
binnenvallen (ww)	侵略	qīn lüè
invaller (de)	侵略者	qīn lüè zhě
veroveraar (de)	征服者	zhēng fú zhě
verdediging (de)	国防	guó fáng
verdedigen (je land ~)	保卫	bǎo wèi
zich verdedigen (ww)	保卫	bǎo wèi
vijand, tegenstander (de)	敌人	dí rén
vijandelijk (bn)	敌人的	dí rén de
strategie (de)	战略	zhàn lüè
tactiek (de)	战术	zhàn shù
order (de)	命令	mìng lìng
bevel (het)	命令	mìng lìng
bevelen (ww)	命令	mìng lìng
opdracht (de)	任务	rèn wu
geheim (bn)	秘密的	mì mì de
veldslag (de)	会战	huì zhàn
strijd (de)	战斗	zhàn dòu
aanval (de)	袭击	xí jī
bestorming (de)	攻陷，猛攻	gōng xiàn, měng gōng
bestormen (ww)	猛攻	měng gōng
bezetting (de)	包围	bāo wéi
aanval (de)	进攻	jìn gōng
in het offensief te gaan	进攻	jìn gōng
terugtrekking (de)	退却	tuì què
zich terugtrekken (ww)	退却	tuì què
omsingeling (de)	包围	bāo wéi
omsingelen (ww)	包围	bāo wéi
bombardement (het)	轰炸	hōng zhà
een bom gooien	投弹	tóu dàn
bombarderen (ww)	轰炸	hōng zhà
ontploffing (de)	爆炸	bào zhà
schot (het)	射击	shè jī
een schot lossen	射击	shè jī
schieten (het)	枪击事件	qiāng jī shì jiàn
mikken op (ww)	瞄准	miáo zhǔn
aanleggen (een wapen ~)	瞄准	miáo zhǔn
treffen (doelwit ~)	击中	jī zhòng
zinken (tot zinken brengen)	击沉	jī chén
kogelgat (het)	洞	dòng

zinken (gezonken zijn)	沉没	chén mò
front (het)	前线	qián xiàn
hinterland (het)	后方	hòu fāng
evacuatie (de)	疏散	shū sàn
evacueren (ww)	疏散	shū sàn

prikkeldraad (de)	倒钩铁丝	dǎo gōu tiě sī
verdedigingsobstakel (het)	障碍物	zhàng ài wù
wachttoren (de)	岗楼	gǎng lóu

hospitaal (het)	医院	yī yuàn
verwonden (ww)	打伤	dǎ shāng
wond (de)	伤口	shāng kǒu
gewonde (de)	伤员	shāng yuán
gewond raken (ww)	受伤	shòu shāng
ernstig (~e wond)	严重的	yán zhòng de

156. Wapens

wapens (mv.)	武器	wǔ qì
vuurwapens (mv.)	火器	huǒ qì
koude wapens (mv.)	冷兵器	lěng bīng qì

chemische wapens (mv.)	化学武器	huà xué wǔ qì
kern-, nucleair (bn)	核 …	hé …
kernwapens (mv.)	核武器	hé wǔ qì

| bom (de) | 炸弹 | zhà dàn |
| atoombom (de) | 原子弹 | yuán zǐ dàn |

pistool (het)	手枪	shǒu qiāng
geweer (het)	火枪	huǒ qiāng
machinepistool (het)	冲锋枪	chōng fēng qiāng
machinegeweer (het)	机枪	jī qiāng

loop (schietbuis)	枪口	qiāng kǒu
loop (bijv. geweer met kortere ~)	枪管	qiāng guǎn
kaliber (het)	口径	kǒu jìng

trekker (de)	扳机	bān jī
korrel (de)	瞄准器	miáo zhǔn qì
magazijn (het)	弹匣	dàn xiá
geweerkolf (de)	枪托	qiāng tuō

| granaat (handgranaat) | 手榴弹 | shǒu liú dàn |
| explosieven (mv.) | 炸药 | zhà yào |

kogel (de)	子弹	zǐdàn
patroon (de)	枪弹	qiāng dàn
lading (de)	弹药, 火药	dàn yào, huǒ yào
ammunitie (de)	弹药	dàn yào
bommenwerper (de)	轰炸机	hōng zhà jī
straaljager (de)	歼击机	jiān jī jī

helikopter (de)	直升飞机	zhí shēng fēi jī
afweergeschut (het)	高射炮	gāo shè pào
tank (de)	坦克	tǎn kè
kanon (tank met een ~ van 76 mm)	坦克炮	tǎn kè pào

| artillerie (de) | 炮 | pào |
| aanleggen (een wapen ~) | 瞄准 | miáo zhǔn |

projectiel (het)	炮弹	pào dàn
mortiergranaat (de)	迫击炮榴弹	pǎi jī pào liú dàn
mortier (de)	迫击炮	pǎi jī pào
granaatscherf (de)	碎片	suì piàn

duikboot (de)	潜水艇	qián shuǐ tǐng
torpedo (de)	鱼雷	yú léi
raket (de)	导弹	dǎo dàn

laden (geweer, kanon)	装弹	zhuāng dàn
schieten (ww)	射击	shè jī
richten op (mikken)	瞄准	miáo zhǔn
bajonet (de)	刺刀	cìdāo

degen (de)	重剑	zhòng jiàn
sabel (de)	马刀	mǎ dāo
speer (de)	矛	máo
boog (de)	弓	gōng
pijl (de)	箭	jiàn
musket (de)	火枪	huǒ qiāng
kruisboog (de)	弩，石弓	nǔ, shí gōng

157. Oude mensen

primitief (bn)	原始的	yuán shǐ de
voorhistorisch (bn)	史前的	shǐ qián de
eeuwenoude (~ beschaving)	古代的	gǔ dài de

Steentijd (de)	石器时代	shí qì shí dài
Bronstijd (de)	青铜时代	qīng tóng shí dài
IJstijd (de)	冰河时代	bīng hé shí dài

stam (de)	部落	bù luò
menseneter (de)	食人族	shí rén zú
jager (de)	猎人	liè rén
jagen (ww)	打猎	dǎ liè
mammoet (de)	猛犸	měng mǎ

grot (de)	洞穴	dòng xué
vuur (het)	火	huǒ
kampvuur (het)	火堆	huǒ duī
rotstekening (de)	岩画	yán huà

| werkinstrument (het) | 工具 | gōng jù |
| speer (de) | 矛 | máo |

stenen bijl (de)	石斧子	shí fǔ zi
oorlog voeren (ww)	开战	kāi zhàn
temmen (bijv. wolf ~)	驯养	xùn yǎng

idool (het)	偶像	ǒu xiàng
aanbidden (ww)	崇拜	chóng bài
bijgeloof (het)	迷信	mí xìn

evolutie (de)	进化	jìn huà
ontwikkeling (de)	发展	fā zhǎn
verdwijning (de)	消失	xiāo shī
zich aanpassen (ww)	适应	shì yìng

archeologie (de)	考古学	kǎo gǔ xué
archeoloog (de)	考古学家	kǎo gǔ xué jiā
archeologisch (bn)	考古学的	kǎo gǔ xué de

opgravingsplaats (de)	考古发掘现场	kǎo gǔ fā jué xiàn chǎng
opgravingen (mv.)	考古发掘工作	kǎo gǔ fā jué gōng zuò
vondst (de)	发现	fā xiàn
fragment (het)	碎片，碎块	suì piàn, suì kuài

158. Middeleeuwen

volk (het)	民族	mín zú
volkeren (mv.)	民族	mín zú
stam (de)	部落	bù luò
stammen (mv.)	部落	bù luò

barbaren (mv.)	野蛮人	yě mán rén
Galliërs (mv.)	高卢人	gāo lú rén
Goten (mv.)	哥特人	gē tè rén
Slaven (mv.)	斯拉夫人	sī lā fū rén
Vikings (mv.)	北欧海盗	běi ōu hǎi dào

| Romeinen (mv.) | 古罗马人 | gǔ luó mǎ rén |
| Romeins (bn) | 罗马的 | luó mǎ de |

Byzantijnen (mv.)	拜占庭人	bàizhàntíng rén
Byzantium (het)	拜占庭	bàizhàntíng
Byzantijns (bn)	拜占庭的	bàizhàntíng de

keizer (bijv. Romeinse ~)	皇帝	huáng dì
opperhoofd (het)	领袖	lǐng xiù
machtig (bn)	强大的	qiáng dà de
koning (de)	国王	guó wáng
heerser (de)	统治者	tǒng zhì zhě

ridder (de)	骑士	qí shì
feodaal (de)	封建主	fēng jiàn zhǔ
feodaal (bn)	封建的	fēng jiàn de
vazal (de)	封臣	fēng chén
hertog (de)	公爵	gōng jué
graaf (de)	伯爵	bó jué

| baron (de) | 男爵 | nán jué |
| bisschop (de) | 主教 | zhǔ jiào |

harnas (het)	盔甲	kuī jiǎ
schild (het)	盾牌	dùn pái
zwaard (het)	剑	jiàn
vizier (het)	面甲	miàn jiǎ
maliënkolder (de)	锁子甲	suǒ zǐ jiǎ

| kruistocht (de) | 十字军远征 | shízìjūn yuǎnzhēng |
| kruisvaarder (de) | 十字军战士 | shízìjūn zhànshì |

gebied (bijv. bezette ~en)	领土	lǐng tǔ
aanvallen (binnenvallen)	侵略	qīn lüè
veroveren (ww)	征服	zhēng fú
innemen (binnenvallen)	侵占	qīn zhàn

bezetting (de)	包围	bāo wéi
bezet (bn)	包围的	bāo wéi de
belegeren (ww)	包围	bāo wéi

inquisitie (de)	宗教裁判所	zōngjiào cáipàn suǒ
inquisiteur (de)	宗教裁判者	zōngjiào cáipàn zhě
foltering (de)	拷打	kǎo dǎ
wreed (bn)	残酷的	cán kù de
ketter (de)	异教徒	yì jiào tú
ketterij (de)	异教	yì jiào

zeevaart (de)	航海	háng hǎi
piraat (de)	海盗	hǎi dào
piraterij (de)	海盗行为	hǎi dào xíng wéi
enteren (het)	接舷战	jiē xián zhàn
buit (de)	赃物	zāng wù
schatten (mv.)	宝物	bǎo wù

ontdekking (de)	发现	fā xiàn
ontdekken (bijv. nieuw land)	发现	fā xiàn
expeditie (de)	探险	tàn xiǎn

musketier (de)	火枪兵	huǒ qiāng bīng
kardinaal (de)	红衣主教	hóng yī zhǔ jiào
heraldiek (de)	徽章学	huī zhāng xué
heraldisch (bn)	徽章学的	huī zhāng xué de

159. Leider. Baas. Autoriteiten

koning (de)	国王	guó wáng
koningin (de)	王后，女王	wáng hòu, nǚ wáng
koninklijk (bn)	皇家的	huáng jiā de
koninkrijk (het)	王国	wáng guó

prins (de)	王子	wáng zǐ
prinses (de)	公主	gōng zhǔ
president (de)	总统	zǒng tǒng

| vicepresident (de) | 副总统 | fù zǒng tǒng |
| senator (de) | 参议院 | cān yì yuàn |

monarch (de)	君主	jūn zhǔ
heerser (de)	统治者	tǒng zhì zhě
dictator (de)	独裁者	dú cái zhě
tiran (de)	暴君	bào jūn
magnaat (de)	大亨	dà hēng

directeur (de)	经理	jīng lǐ
chef (de)	老板	lǎo bǎn
beheerder (de)	主管人	zhǔ guǎn rén
baas (de)	老板	lǎo bǎn
eigenaar (de)	业主	yè zhǔ

hoofd (bijv. ~ van de delegatie)	团长	tuán zhǎng
autoriteiten (mv.)	当局	dāng jú
superieuren (mv.)	管理层	guǎn lǐ céng

gouverneur (de)	省长	shěng zhǎng
consul (de)	领事	lǐng shì
diplomaat (de)	外交官	wài jiāo guān
burgemeester (de)	市长	shì zhǎng
sheriff (de)	县治安官	xiàn zhì ān guān

keizer (bijv. Romeinse ~)	皇帝	huáng dì
tsaar (de)	沙皇	shā huáng
farao (de)	法老	fǎ lǎo
kan (de)	可汗	kè hán

160. De wet overtreden. Criminelen. Deel 1

bandiet (de)	匪徒	fěi tú
misdaad (de)	罪行	zuì xíng
misdadiger (de)	罪犯	zuì fàn

dief (de)	小偷	xiǎo tōu
stelen (ww)	偷窃	tōu qiè
stelen (ww)	偷盗	tōu dào
diefstal (de)	偷窃	tōu qiè

kidnappen (ww)	绑票	bǎng piào
kidnapping (de)	绑架罪	bǎng jià zuì
kidnapper (de)	绑票者	bǎng piào zhě

| losgeld (het) | 赎金 | shú jīn |
| eisen losgeld (ww) | 要赎金 | yào shú jīn |

| overvallen (ww) | 抢劫 | qiǎng jié |
| overvaller (de) | 抢劫犯 | qiǎng jié fàn |

| afpersen (ww) | 敲诈 | qiāo zhà |
| afperser (de) | 敲诈者 | qiāo zhà zhě |

afpersing (de)	敲诈罪	qiāo zhà zuì
vermoorden (ww)	杀死	shā sǐ
moord (de)	杀人	shā rén
moordenaar (de)	杀人犯	shā rén fàn

schot (het)	射击	shè jī
een schot lossen	射击	shè jī
neerschieten (ww)	枪杀	qiāng shā
schieten (ww)	射击	shè jī
schieten (het)	枪击事件	qiāng jī shì jiàn

ongeluk (gevecht, enz.)	事故	shì gù
gevecht (het)	打架, 打斗	dǎ jià, dǎ dòu
Help!	救命!	jiù mìng!
slachtoffer (het)	受害者	shòu hài zhě

beschadigen (ww)	毁坏	huǐ huài
schade (de)	损失	sǔn shī
lijk (het)	尸体	shī tǐ
zwaar (~ misdrijf)	严重的	yán zhòng de

aanvallen (ww)	攻击	gōng jī
slaan (iemand ~)	打	dǎ
in elkaar slaan (toetakelen)	痛打	tòng dǎ
ontnemen (beroven)	夺走	duó zǒu
steken (met een mes)	捅死	tǒng sǐ
verminken (ww)	把 … 打成残废	bǎ ... dǎchéng cánfèi
verwonden (ww)	打伤	dǎ shāng

chantage (de)	勒索	lè suǒ
chanteren (ww)	勒索	lè suǒ
chanteur (de)	勒索者	lè suǒ zhě

afpersing (de)	敲诈罪	qiāo zhà zuì
afperser (de)	敲诈者	qiāo zhà zhě
gangster (de)	歹徒	dǎi tú
maffia (de)	黑手党	hēi shǒu dǎng

kruimeldief (de)	小偷	xiǎo tōu
inbreker (de)	破门盗窃者	pò mén dào qiè zhě
smokkelen (het)	走私	zǒu sī
smokkelaar (de)	走私者	zǒu sī zhě

namaak (de)	伪造品	wěi zào pǐn
namaken (ww)	伪造	wěi zào
namaak-, vals (bn)	伪造的	wěi zào de

161. De wet overtreden. Criminelen. Deel 2

verkrachting (de)	强奸	qiáng jiān
verkrachten (ww)	强奸	qiáng jiān
verkrachter (de)	强奸犯	qiáng jiān fàn
maniak (de)	疯子	fēng zi
prostituee (de)	卖淫者, 妓女	mài yín zhě, jì nǚ

| prostitutie (de) | 卖淫 | mài yín |
| pooier (de) | 皮条客 | pí tiáo kè |

| drugsverslaafde (de) | 吸毒者 | xī dú zhě |
| drugshandelaar (de) | 毒贩子 | dú fàn zi |

| opblazen (ww) | 炸毁 | zhà huǐ |
| explosie (de) | 爆炸 | bào zhà |

| in brand steken (ww) | 放火 | fàng huǒ |
| brandstichter (de) | 纵火犯 | zòng huǒ fàn |

terrorisme (het)	恐怖主义	kǒng bù zhǔ yì
terrorist (de)	恐怖分子	kǒng bù fèn zǐ
gijzelaar (de)	人质	rén zhì

bedriegen (ww)	欺骗	qī piàn
bedrog (het)	欺骗行为	qī piàn xíng wéi
oplichter (de)	骗子	piàn zi

omkopen (ww)	贿赂	huì lù
omkoperij (de)	贿赂	huì lù
smeergeld (het)	贿赂	huì lù

vergif (het)	毒物, 毒药	dú wù, dú yào
vergiftigen (ww)	毒死	dú sǐ
vergif innemen (ww)	服毒自杀	fú dú zì shā

| zelfmoord (de) | 自杀 | zì shā |
| zelfmoordenaar (de) | 自杀者 | zì shā zhě |

| bedreigen (bijv. met een pistool) | 威胁 | wēi xié |
| bedreiging (de) | 威胁 | wēi xié |

| een aanslag plegen | 犯罪未遂 | fànzuì wèisuì |
| aanslag (de) | 杀人企图 | shā rén qǐ tú |

| stelen (een auto) | 偷 | tōu |
| kapen (een vliegtuig) | 劫持 | jié chí |

| wraak (de) | 报仇 | bào chóu |
| wreken (ww) | 报 … 之仇 | bào … zhī chóu |

martelen (gevangenen)	拷打	kǎo dǎ
foltering (de)	拷打	kǎo dǎ
folteren (ww)	虐待	nüè dài

| piraat (de) | 海盗 | hǎi dào |
| straatschender (de) | 流氓 | liú máng |

| gewapend (bn) | 携带武器的 | xié dài wǔ qì de |
| geweld (het) | 暴力 | bào lì |

| spionage (de) | 间谍活动 | jiàn dié huó dòng |
| spioneren (ww) | 充当间谍 | chōng dāng jiàn dié |

162. Politie. Wet. Deel 1

gerecht (het)	司法	sī fǎ
gerechtshof (het)	法院	fǎ yuàn
rechter (de)	法官	fǎ guān
jury (de)	陪审团成员	péi shěn tuán chéng yuán
juryrechtspraak (de)	陪审团审判	péi shěn tuán shěn pàn
berechten (ww)	审判	shěn pàn
advocaat (de)	辩护人	biàn hù rén
beklaagde (de)	被告	bèi gào
beklaagdenbank (de)	被告席	bèi gào xí
beschuldiging (de)	指控	zhǐ kòng
beschuldigde (de)	被告	bèi gào
vonnis (het)	判决	pàn jué
veroordelen (in een rechtszaak)	判处	pàn chǔ
schuldige (de)	有罪的人	yǒu zuì de rén
straffen (ww)	惩罚	chéng fá
bestraffing (de)	惩罚	chéng fá
boete (de)	罚款	fá kuǎn
levenslange opsluiting (de)	无期徒刑	wú qī tú xíng
doodstraf (de)	死刑	sǐ xíng
elektrische stoel (de)	电椅	diàn yǐ
schavot (het)	绞刑架	jiǎo xíng jià
executeren (ww)	处决	chǔ jué
executie (de)	死刑	sǐ xíng
gevangenis (de)	监狱	jiā nyù
cel (de)	单人牢房	dān rén láo fáng
konvooi (het)	护送队	hù sòng duì
gevangenisbewaker (de)	狱警	yù jǐng
gedetineerde (de)	犯人，囚犯	fàn rén, qiú fàn
handboeien (mv.)	手铐	shǒu kào
handboeien omdoen	戴上手铐	dài shang shǒu kào
ontsnapping (de)	逃跑	táo pǎo
ontsnappen (ww)	逃跑	táo pǎo
verdwijnen (ww)	消失	xiāo shī
vrijlaten (uit de gevangenis)	获释	huò shì
amnestie (de)	赦免	shè miǎn
politie (de)	警察	jǐng chá
politieagent (de)	警察	jǐng chá
politiebureau (het)	警察局	jǐng chá jú
knuppel (de)	警棍	jǐng gùn
megafoon (de)	扩音器	kuò yīn qì

patrouilleerwagen (de)	巡逻车	xún luó chē
sirene (de)	警报器	jǐng bào qì
de sirene aansteken	开警报器	kāi jǐng bào qì
geloei (het) van de sirene	警报器声	jǐng bào qì shēng

plaats delict (de)	犯罪现场	fànzuì xiànchǎng
getuige (de)	目击者	mù jī zhě
vrijheid (de)	自由	zì yóu
handlanger (de)	同犯，共犯	tóng fàn, gòng fàn
ontvluchten (ww)	逃脱	táo tuō
spoor (het)	脚印	jiǎo yìn

163. Politie. Wet. Deel 2

opsporing (de)	寻找	xún zhǎo
opsporen (ww)	寻找	xún zhǎo
verdenking (de)	怀疑	huái yí
verdacht (bn)	令人怀疑的	lìng rén huái yí de
aanhouden (stoppen)	拦住	lán zhù
tegenhouden (ww)	扣押，拘留	kòu yā, jū liú

strafzaak (de)	案件，案子	àn jiàn, àn zi
onderzoek (het)	侦查	zhēn chá
detective (de)	侦探	zhēn tàn
onderzoeksrechter (de)	侦查员	zhēn chá yuán
versie (de)	说法	shuō fa

motief (het)	动机	dòng jī
verhoor (het)	讯问，审问	xùn wèn, shěn wèn
ondervragen (door de politie)	审问	shěn wèn
ondervragen (omstanders ~)	询问	xún wèn
controle (de)	检查	jiǎn chá

razzia (de)	围捕	wéi bǔ
huiszoeking (de)	搜查	sōu chá
achtervolging (de)	追捕	zhuī bǔ
achtervolgen (ww)	追踪	zhuī zōng
opsporen (ww)	监视	jiān shì

arrest (het)	逮捕	dài bǔ
arresteren (ww)	拘捕	jū bǔ
vangen, aanhouden (een dief, enz.)	逮住	dǎi zhù
aanhouding (de)	捕获	bǔ huò

document (het)	文件	wén jiàn
bewijs (het)	证据	zhèng jù
bewijzen (ww)	证明	zhèng míng
voetspoor (het)	脚印	jiǎo yìn
vingerafdrukken (mv.)	指纹	zhǐ wén
bewijs (het)	证据	zhèng jù

| alibi (het) | 托辞 | tuō cí |
| onschuldig (bn) | 无罪的 | wú zuì de |

onrecht (het)	非正义	fēi zhèng yì
onrechtvaardig (bn)	不公正的	bù gōng zhèng de
crimineel (bn)	刑事的	xíng shì de
confisqueren (in beslag nemen)	没收	mò shōu
drug (de)	毒品	dú pǐn
wapen (het)	武器	wǔ qì
ontwapenen (ww)	缴械	jiǎo xiè
bevelen (ww)	命令	mìng lìng
verdwijnen (ww)	消失	xiāo shī
wet (de)	法律	fǎ lǜ
wettelijk (bn)	合法的	hé fǎ de
onwettelijk (bn)	非法的	fēi fǎ de
verantwoordelijkheid (de)	责任	zé rèn
verantwoordelijk (bn)	负责的	fù zé de

NATUUR

De Aarde. Deel 1

164. De kosmische ruimte

kosmos (de)	宇宙	yǔ zhòu
kosmisch (bn)	宇宙的, 太空	yǔ zhòu de, tài kōng
kosmische ruimte (de)	外层空间	wài céng kōng jiān
wereld (de), heelal (het)	宇宙	yǔ zhòu
sterrenstelsel (het)	银河系	yín hé xì
ster (de)	星, 恒星	xīng, héng xīng
sterrenbeeld (het)	星座	xīng zuò
planeet (de)	行星	xíng xīng
satelliet (de)	卫星	wèi xīng
meteoriet (de)	陨石	yǔn shí
komeet (de)	彗星	huì xīng
asteroïde (de)	小行星	xiǎo xíng xīng
baan (de)	轨道	guǐ dào
draaien (om de zon, enz.)	公转	gōng zhuàn
atmosfeer (de)	大气层	dà qì céng
Zon (de)	太阳	tài yáng
zonnestelsel (het)	太阳系	tài yáng xì
zonsverduistering (de)	日食	rì shí
Aarde (de)	地球	dì qiú
Maan (de)	月球	yuè qiú
Mars (de)	火星	huǒ xīng
Venus (de)	金星	jīn xīng
Jupiter (de)	木星	mù xīng
Saturnus (de)	土星	tǔ xīng
Mercurius (de)	水星	shuǐ xīng
Uranus (de)	天王星	tiān wáng xīng
Neptunus (de)	海王星	hǎi wáng xīng
Pluto (de)	冥王星	míng wáng xīng
Melkweg (de)	银河	yín hé
Grote Beer (de)	大熊座	dà xióng zuò
Poolster (de)	北极星	běi jí xīng
marsmannetje (het)	火星人	huǒ xīng rén
buitenaards wezen (het)	外星人	wài xīng rén

bovenaards (het)	外星人	wài xīng rén
vliegende schotel (de)	飞碟	fēi dié
ruimtevaartuig (het)	宇宙飞船	yǔ zhòu fēi chuán
ruimtestation (het)	宇宙空间站	yǔ zhòu kōng jiān zhàn
start (de)	发射	fā shè

motor (de)	发动机	fā dòng jī
straalpijp (de)	喷嘴	pēn zuǐ
brandstof (de)	燃料	rán liào

cabine (de)	座舱	zuò cāng
antenne (de)	天线	tiān xiàn
patrijspoort (de)	舷窗	xián chuāng
zonnebatterij (de)	太阳能电池	tàiyáng néng diànchí
ruimtepak (het)	太空服	tài kōng fú

| gewichtloosheid (de) | 失重 | shī zhòng |
| zuurstof (de) | 氧气 | yǎng qì |

| koppeling (de) | 对接 | duì jiē |
| koppeling maken | 对接 | duì jiē |

| observatorium (het) | 天文台 | tiānwén tái |
| telescoop (de) | 天文望远镜 | tiānwén wàngyuǎnjìng |

| waarnemen (ww) | 观察到 | guān chá dào |
| exploreren (ww) | 探索 | tàn suǒ |

165. De Aarde

Aarde (de)	地球	dì qiú
aardbol (de)	地球	dì qiú
planeet (de)	行星	xíng xīng

atmosfeer (de)	大气层	dà qì céng
aardrijkskunde (de)	地理学	dì lǐ xué
natuur (de)	自然界	zì rán jiè

wereldbol (de)	地球仪	dì qiú yí
kaart (de)	地图	dì tú
atlas (de)	地图册	dì tú cè

| Europa (het) | 欧洲 | oūzhōu |
| Azië (het) | 亚洲 | yàzhōu |

| Afrika (het) | 非洲 | fēizhōu |
| Australië (het) | 澳洲 | àozhōu |

Amerika (het)	美洲	měizhōu
Noord-Amerika (het)	北美洲	běiměizhōu
Zuid-Amerika (het)	南美洲	nánměizhōu

| Antarctica (het) | 南极洲 | nánjízhōu |
| Arctis (de) | 北极地区 | běijídìqū |

166. Windrichtingen

noorden (het)	北方	běi fāng
naar het noorden	朝北	cháo běi
in het noorden	在北方	zài běi fāng
noordelijk (bn)	北方的	běi fāng de
zuiden (het)	南方	nán fāng
naar het zuiden	朝南	cháo nán
in het zuiden	在南方	zài nán fāng
zuidelijk (bn)	南方的	nán fāng de
westen (het)	西方	xī fāng
naar het westen	朝西	cháo xī
in het westen	在西方	zài xī fāng
westelijk (bn)	西方的	xī fāng de
oosten (het)	东方	dōng fāng
naar het oosten	朝东	cháo dōng
in het oosten	在东方	zài dōng fāng
oostelijk (bn)	东方的	dōng fāng de

167. Zee. Oceaan

zee (de)	海，大海	hǎi, dà hǎi
oceaan (de)	海洋，大海	hǎi yáng, dà hǎi
golf (baai)	海湾	hǎi wān
straat (de)	海峡	hǎi xiá
grond (vaste grond)	陆地	lù dì
continent (het)	大陆，洲	dà lù, zhōu
eiland (het)	岛，海岛	dǎo, hǎi dǎo
schiereiland (het)	半岛	bàn dǎo
archipel (de)	群岛	qún dǎo
baai, bocht (de)	海湾	hǎi wān
haven (de)	港口	gǎng kǒu
lagune (de)	泻湖	xiè hú
kaap (de)	海角	hǎi jiǎo
atol (de)	环状珊瑚岛	huánzhuàng shānhúdǎo
rif (het)	礁	jiāo
koraal (het)	珊瑚	shān hú
koraalrif (het)	珊瑚礁	shān hú jiāo
diep (bn)	深的	shēn de
diepte (de)	深度	shēn dù
diepzee (de)	深渊	shēn yuān
trog (bijv. Marianentrog)	海沟	hǎi gōu
stroming (de)	水流	shuǐ liú
omspoelen (ww)	环绕	huán rào
oever (de)	岸	àn

kust (de)	海岸，海滨	hǎi àn, hǎi bīn
vloed (de)	高潮	gāo cháo
eb (de)	落潮	luò cháo
ondiepte (ondiep water)	沙洲	shā zhōu
bodem (de)	海底	hǎi dǐ
golf (hoge ~)	波浪	bō làng
golfkam (de)	浪峰	làng fēng
schuim (het)	泡沫	pào mò
orkaan (de)	飓风	jù fēng
tsunami (de)	海啸	hǎi xiào
windstilte (de)	风平浪静	fēng píng làng jìng
kalm (bijv. ~e zee)	平静的	píng jìng de
pool (de)	北极	běi jí
polair (bn)	北极的	běi jí de
breedtegraad (de)	纬度	wěi dù
lengtegraad (de)	经度	jīng dù
parallel (de)	纬线	wěi xiàn
evenaar (de)	赤道	chì dào
hemel (de)	天	tiān
horizon (de)	地平线	dì píng xiàn
lucht (de)	空气	kōng qì
vuurtoren (de)	灯塔	dēng tǎ
duiken (ww)	跳水	tiào shuǐ
zinken (ov. een boot)	沉没	chén mò
schatten (mv.)	宝物	bǎo wù

168. Bergen

berg (de)	山	shān
bergketen (de)	山脉	shān mài
gebergte (het)	山脊	shān jǐ
bergtop (de)	山顶	shān dǐng
bergpiek (de)	山峰	shān fēng
voet (ov. de berg)	山脚	shān jiǎo
helling (de)	山坡	shān pō
vulkaan (de)	火山	huǒ shān
actieve vulkaan (de)	活火山	huó huǒ shān
uitgedoofde vulkaan (de)	死火山	sǐ huǒ shān
uitbarsting (de)	喷发	pèn fā
krater (de)	火山口	huǒ shān kǒu
magma (het)	岩浆	yán jiāng
lava (de)	熔岩	róng yán
gloeiend (~e lava)	炽热的	chì rè de
kloof (canyon)	峡谷	xiá gǔ
bergkloof (de)	峡谷	xiá gǔ

spleet (de)	裂罅	liè xià
bergpas (de)	山口	shān kǒu
plateau (het)	高原	gāo yuán
klip (de)	悬崖	xuán yá
heuvel (de)	小山	xiǎo shān

gletsjer (de)	冰川，冰河	bīng chuān, bīng hé
waterval (de)	瀑布	pù bù
geiser (de)	间歇泉	jiàn xiē quán
meer (het)	湖	hú

vlakte (de)	平原	píng yuán
landschap (het)	风景	fēng jǐng
echo (de)	回声	huí shēng

alpinist (de)	登山家	dēng shān jiā
bergbeklimmer (de)	攀岩者	pān yán zhě
trotseren (berg ~)	征服	zhēng fú
beklimming (de)	登山	dēng shān

169. Rivieren

rivier (de)	河，江	hé, jiāng
bron (~ van een rivier)	泉，泉水	quán, quán shuǐ
rivierbedding (de)	河床	hé chuáng
rivierbekken (het)	流域	liú yù
uitmonden in ...	流入	liú rù

| zijrivier (de) | 支流 | zhī liú |
| oever (de) | 岸 | àn |

stroming (de)	水流	shuǐ liú
stroomafwaarts (bw)	顺流而下	shùn liú ér xià
stroomopwaarts (bw)	溯流而上	sù liú ér shàng

overstroming (de)	洪水	hóng shuǐ
overstroming (de)	水灾	shuǐ zāi
buiten zijn oevers treden	溢出	yì chū
overstromen (ww)	淹没	yān mò

| zandbank (de) | 浅水 | qiǎn shuǐ |
| stroomversnelling (de) | 急流 | jí liú |

dam (de)	坝，堤坝	bà, dī bà
kanaal (het)	运河	yùn hé
spaarbekken (het)	水库	shuǐ kù
sluis (de)	水闸	shuǐ zhá

waterlichaam (het)	水体	shuǐ tǐ
moeras (het)	沼泽	zhǎo zé
broek (het)	烂泥塘	làn ní táng
draaikolk (de)	漩涡	xuàn wō
stroom (de)	小溪	xiǎo xī
drink- (abn)	饮用的	yǐn yòng de

zoet (~ water)	淡水的	dàn shuǐ de
IJs (het)	冰	bīng
bevriezen (rivier, enz.)	封冻	fēng dòng

170. Bos

bos (het)	森林，树林	sēn lín, shù lín
bos- (abn)	树林的	shù lín de

oerwoud (dicht bos)	密林	mì lín
bosje (klein bos)	小树林	xiǎo shù lín
open plek (de)	林中草地	lín zhōng cǎo dì

struikgewas (het)	灌木丛	guàn mù cóng
struiken (mv.)	灌木林	guàn mù lín

paadje (het)	小道	xiǎo dào
ravijn (het)	冲沟	chōng gōu

boom (de)	树，乔木	shù, qiáo mù
blad (het)	叶子	yè zi
gebladerte (het)	树叶	shù yè

vallende bladeren (mv.)	落叶	luò yè
vallen (ov. de bladeren)	凋落	diāo luò
boomtop (de)	树梢	shù shāo

tak (de)	树枝	shù zhī
ent (de)	粗树枝	cū shù zhī
knop (de)	芽	yá
naald (de)	针叶	zhēn yè
dennenappel (de)	球果	qiú guǒ

boom holte (de)	树洞	shù dòng
nest (het)	鸟窝	niǎo wō
hol (het)	洞穴，兽穴	dòng xué, shòu xué

stam (de)	树干	shù gàn
wortel (bijv. boom~s)	树根	shù gēn
schors (de)	树皮	shùpí
mos (het)	苔藓	tái xiǎn

ontwortelen (een boom)	根除	gēn chú
kappen (een boom ~)	砍倒	kǎn dǎo
ontbossen (ww)	砍伐森林	kǎn fá sēn lín
stronk (de)	树桩	shù zhuāng

kampvuur (het)	篝火	gōu huǒ
bosbrand (de)	森林火灾	sēn lín huǒ zāi
blussen (ww)	扑灭	pū miè
boswachter (de)	护林员	hù lín yuán
bescherming (de)	保护	bǎo hù
beschermen (bijv. de natuur ~)	保护	bǎo hù

| stroper (de) | 偷猎者 | tōu liè zhě |
| val (de) | 陷阱 | xiàn jǐng |

| plukken (vruchten, enz.) | 采集 | cǎi jí |
| verdwalen (de weg kwijt zijn) | 迷路 | mí lù |

171. Natuurlijke hulpbronnen

natuurlijke rijkdommen (mv.)	自然资源	zìrán zī yuán
delfstoffen (mv.)	矿物	kuàng wù
lagen (mv.)	矿层	kuàng céng
veld (bijv. olie~)	矿田	kuàng tián

winnen (uit erts ~)	开采	kāi cǎi
winning (de)	采矿业	cǎi kuàng yè
erts (het)	矿石	kuàng shí
mijn (bijv. kolenmijn)	矿，矿山	kuàng, kuàng shān
mijnschacht (de)	矿井	kuàng jǐng
mijnwerker (de)	矿工	kuàng gōng

| gas (het) | 煤气 | méi qì |
| gasleiding (de) | 煤气管道 | méi qì guǎn dào |

olie (aardolie)	石油	shí yóu
olieleiding (de)	油管	yóu guǎn
oliebron (de)	石油钻塔	shí yóu zuān tǎ
boortoren (de)	钻油塔	zuān yóu tǎ
tanker (de)	油船，油轮	yóu chuán, yóu lún

zand (het)	沙，沙子	shā, shā zi
kalksteen (de)	石灰石	shí huī shí
grind (het)	砾石	lì shí
veen (het)	泥煤	ní méi
klei (de)	粘土	nián tǔ
steenkool (de)	煤	méi

IJzer (het)	铁	tiě
goud (het)	黄金	huáng jīn
zilver (het)	银	yín
nikkel (het)	镍	niè
koper (het)	铜	tóng

zink (het)	锌	xīn
mangaan (het)	锰	měng
kwik (het)	水银	shuǐ yín
lood (het)	铅	qiān

mineraal (het)	矿物	kuàng wù
kristal (het)	结晶	jié jīng
marmer (het)	大理石	dà lǐ shí
uraan (het)	铀	yóu

De Aarde. Deel 2

172. Weer

weer (het)	天气	tiān qì
weersvoorspelling (de)	气象预报	qìxiàng yùbào
temperatuur (de)	温度	wēn dù
thermometer (de)	温度表	wēn dù biǎo
barometer (de)	气压表	qì yā biǎo
vochtigheid (de)	空气湿度	kōng qì shī dù
hitte (de)	炎热	yán rè
heet (bn)	热的	rè de
het is heet	天气热	tiān qì rè
het is warm	天气暖	tiān qì nuǎn
warm (bn)	暖和的	nuǎn huo de
het is koud	天气冷	tiān qì lěng
koud (bn)	冷的	lěng de
zon (de)	太阳	tài yáng
schijnen (de zon)	发光	fā guāng
zonnig (~e dag)	阳光充足的	yáng guāng chōng zú de
opgaan (ov. de zon)	升起	shēng qǐ
ondergaan (ww)	落山	luò shān
wolk (de)	云	yún
bewolkt (bn)	多云的	duō yún de
regenwolk (de)	乌云	wū yún
somber (bn)	阴沉的	yīn chén de
regen (de)	雨	yǔ
het regent	下雨	xià yǔ
regenachtig (bn)	雨 …, 多雨的	yǔ …, duō yǔ de
motregenen (ww)	下毛毛雨	xià máo máo yǔ
plensbui (de)	倾盆大雨	qīng pén dà yǔ
stortbui (de)	暴雨	bào yǔ
hard (bn)	大 …	dà …
plas (de)	水洼	shuǐ wā
nat worden (ww)	淋湿	lín shī
mist (de)	雾气	wù qì
mistig (bn)	多雾的	duō wù de
sneeuw (de)	雪	xuě
het sneeuwt	下雪	xià xuě

173. Zwaar weer. Natuurrampen

noodweer (storm)	大雷雨	dà léi yǔ
bliksem (de)	闪电	shǎn diàn
flitsen (ww)	闪光	shǎn guāng
donder (de)	雷，雷声	léi, léi shēng
donderen (ww)	打雷	dǎ léi
het dondert	打雷	dǎ léi
hagel (de)	雹子	báo zi
het hagelt	下冰雹	xià bīng báo
overstromen (ww)	淹没	yān mò
overstroming (de)	洪水	hóng shuǐ
aardbeving (de)	地震	dì zhèn
aardschok (de)	震动	zhèn dòng
epicentrum (het)	震中	zhèn zhōng
uitbarsting (de)	喷发	pèn fā
lava (de)	熔岩	róng yán
wervelwind (de)	旋风	xuànfēng
windhoos (de)	龙卷风	lóng juàn fēng
tyfoon (de)	台风	tái fēng
orkaan (de)	飓风	jù fēng
storm (de)	风暴	fēng bào
tsunami (de)	海啸	hǎi xiào
cycloon (de)	气旋	qì xuán
onweer (het)	恶劣天气	è liè tiān qì
brand (de)	火灾	huǒ zāi
ramp (de)	灾难	zāi nàn
meteoriet (de)	陨石	yǔn shí
lawine (de)	雪崩	xuě bēng
sneeuwverschuiving (de)	雪崩	xuě bēng
sneeuwjacht (de)	暴风雪	bào fēng xuě
sneeuwstorm (de)	暴风雪	bào fēng xuě

Fauna

174. Zoogdieren. Roofdieren

roofdier (het)	捕食者	bǔ shí zhě
tijger (de)	老虎	lǎo hǔ
leeuw (de)	狮子	shī zi
wolf (de)	狼	láng
vos (de)	狐狸	húli
jaguar (de)	美洲豹	měi zhōu bào
luipaard (de)	豹	bào
jachtluipaard (de)	猎豹	liè bào
panter (de)	豹	bào
poema (de)	美洲狮	měi zhōu shī
sneeuwluipaard (de)	雪豹	xuě bào
lynx (de)	猞猁	shē lì
coyote (de)	丛林狼	cóng lín láng
jakhals (de)	豺	chái
hyena (de)	鬣狗	liè gǒu

175. Wilde dieren

dier (het)	动物	dòng wù
beest (het)	兽	shòu
eekhoorn (de)	松鼠	sōng shǔ
egel (de)	刺猬	cì wei
haas (de)	野兔	yě tù
konijn (het)	家兔	jiā tù
das (de)	獾	huān
wasbeer (de)	浣熊	huàn xióng
hamster (de)	仓鼠	cāng shǔ
marmot (de)	土拨鼠	tǔ bō shǔ
mol (de)	鼹鼠	yǎn shǔ
muis (de)	老鼠	lǎo shǔ
rat (de)	大家鼠	dà jiā shǔ
vleermuis (de)	蝙蝠	biān fú
hermelijn (de)	白鼬	bái yòu
sabeldier (het)	黑貂	hēi diāo
marter (de)	貂	diāo
wezel (de)	银鼠	yín shǔ
nerts (de)	水貂	shuǐ diāo

bever (de)	海狸	hǎi lí
otter (de)	水獭	shuǐ tǎ
paard (het)	马	mǎ
eland (de)	驼鹿	tuó lù
hert (het)	鹿	lù
kameel (de)	骆驼	luò tuo
bizon (de)	美洲野牛	měizhōu yěniú
oeros (de)	欧洲野牛	oūzhōu yěniú
buffel (de)	水牛	shuǐ niú
zebra (de)	斑马	bān mǎ
antilope (de)	羚羊	líng yáng
ree (de)	狍子	páo zi
damhert (het)	扁角鹿	biǎn jiǎo lù
gems (de)	岩羚羊	yán líng yáng
everzwijn (het)	野猪	yě zhū
walvis (de)	鲸	jīng
rob (de)	海豹	hǎi bào
walrus (de)	海象	hǎi xiàng
zeehond (de)	海狗	hǎi gǒu
dolfijn (de)	海豚	hǎi tún
beer (de)	熊	xióng
IJsbeer (de)	北极熊	běi jí xióng
panda (de)	熊猫	xióng māo
aap (de)	猴子	hóu zi
chimpansee (de)	黑猩猩	hēi xīng xing
orang-oetan (de)	猩猩	xīng xing
gorilla (de)	大猩猩	dà xīng xing
makaak (de)	猕猴	mí hóu
gibbon (de)	长臂猿	cháng bì yuán
olifant (de)	象	xiàng
neushoorn (de)	犀牛	xī niú
giraffe (de)	长颈鹿	cháng jǐng lù
nijlpaard (het)	河马	hé mǎ
kangoeroe (de)	袋鼠	dài shǔ
koala (de)	树袋熊	shù dài xióng
mangoest (de)	猫鼬	māo yòu
chinchilla (de)	毛丝鼠	máo sī shǔ
stinkdier (het)	臭鼬	chòu yòu
stekelvarken (het)	箭猪	jiàn zhū

176. Huisdieren

poes (de)	母猫	mǔ māo
kater (de)	雄猫	xióng māo
paard (het)	马	mǎ

| hengst (de) | 公马 | gōng mǎ |
| merrie (de) | 母马 | mǔ mǎ |

koe (de)	母牛	mǔ niú
stier (de)	公牛	gōng niú
os (de)	阉牛	yān niú

schaap (het)	羊, 绵羊	yáng, mián yáng
ram (de)	公绵羊	gōng mián yáng
geit (de)	山羊	shān yáng
bok (de)	公山羊	gōng shān yáng

| ezel (de) | 驴 | lǘ |
| muilezel (de) | 骡子 | luó zi |

varken (het)	猪	zhū
biggetje (het)	小猪	xiǎo zhū
konijn (het)	家兔	jiā tù

| kip (de) | 母鸡 | mǔ jī |
| haan (de) | 公鸡 | gōng jī |

eend (de)	鸭子	yā zi
woerd (de)	公鸭子	gōng yā zi
gans (de)	鹅	é

| kalkoen haan (de) | 雄火鸡 | xióng huǒ jī |
| kalkoen (de) | 火鸡 | huǒ jī |

huisdieren (mv.)	家畜	jiā chù
tam (bijv. hamster)	驯化的	xùn huà de
temmen (tam maken)	驯化	xùn huà
fokken (bijv. paarden ~)	饲养	sì yǎng

boerderij (de)	农场	nóng chǎng
gevogelte (het)	家禽	jiā qín
rundvee (het)	牲畜	shēng chù
kudde (de)	群	qún

paardenstal (de)	马厩	mǎ jiù
zwijnenstal (de)	猪圈	zhū jiàn
koeienstal (de)	牛棚	niú péng
konijnenhok (het)	兔舍	tù shè
kippenhok (het)	鸡窝	jī wō

177. Honden. Hondenrassen

hond (de)	狗, 犬	gǒu, quǎn
herdershond (de)	牧羊犬	mù yáng quǎn
poedel (de)	贵宾犬	guì bīn quǎn
teckel (de)	达克斯狗	dá kè sī gǒu

| buldog (de) | 斗牛狗 | dǒu niú gǒu |
| boxer (de) | 拳师狗 | quán shī gǒu |

mastiff (de)	英国獒犬	yīngguó áo quǎn
rottweiler (de)	罗特韦尔犬	luótèwéiěr quǎn
doberman (de)	杜宾犬	dù bīn quǎn
basset (de)	矮腿猎犬	ǎi tuǐ liè quǎn
bobtail (de)	英国古代牧羊犬	yīngguó gǔdàimùyáng quǎn
dalmatièr (de)	斑点狗	bān diǎn gǒu
cockerspanièl (de)	可卡犬	kě kǎ quǎn
newfoundlander (de)	纽芬兰犬	niǔfēnlán quǎn
sint-bernard (de)	圣伯纳犬	shèng bǎi nà quǎn
poolhond (de)	哈士奇	hā shì jī
chowchow (de)	松狮犬	sōng shī quǎn
spits (de)	斯皮茨	sī pí cí
mopshond (de)	巴哥犬	bā gē quǎn

178. Dierengeluiden

geblaf (het)	狗吠声	gǒu fèi shēng
blaffen (ww)	吠	fèi
miauwen (ww)	喵喵叫	miāo miāo jiào
spinnen (katten)	发出呼噜声	fā chū hū lū shēng
loeien (ov. een koe)	哞哞叫	mōu mōu jiào
brullen (stier)	咆哮	páo xiāo
grommen (ov. de honden)	低声吼叫	dī shēng hǒu jiào
gehuil (het)	嚎叫声	háo jiào shēng
huilen (wolf, enz.)	嗥叫	háo jiào
janken (ov. een hond)	呜呜声	wū wū shēng
mekkeren (schapen)	咩咩叫	miē miē jiào
knorren (varkens)	发哼哼声	fā hēng hēng shēng
gillen (bijv. varken)	发吱吱声	fā zī zī shēng
kwaken (kikvorsen)	呱呱地叫	guā guā de jiào
zoemen (hommel, enz.)	嗡嗡叫	wēng wēng jiào
tjirpen (sprinkhanen)	鸣叫	míng jiào

179. Vogels

vogel (de)	鸟	niǎo
duif (de)	鸽子	gē zi
mus (de)	麻雀	má què
koolmees (de)	山雀	shān què
ekster (de)	喜鹊	xǐ què
raaf (de)	渡鸦	dù yā
kraai (de)	乌鸦	wū yā
kauw (de)	穴鸟	xué niǎo
roek (de)	秃鼻乌鸦	tū bí wū yā

eend (de)	鸭子	yā zi
gans (de)	鹅	é
fazant (de)	野鸡	yě jī

arend (de)	鹰	yīng
havik (de)	鹰，隼	yīng, sǔn
valk (de)	隼，猎鹰	sǔn, liè yīng
gier (de)	秃鹫	tū jiù
condor (de)	神鹰	shén yīng

zwaan (de)	天鹅	tiān é
kraanvogel (de)	鹤	hè
ooievaar (de)	鹳	guàn
papegaai (de)	鹦鹉	yīng wǔ
kolibrie (de)	蜂鸟	fēng niǎo
pauw (de)	孔雀	kǒng què

struisvogel (de)	鸵鸟	tuó niǎo
reiger (de)	鹭	lù
flamingo (de)	火烈鸟	huǒ liè niǎo
pelikaan (de)	鹈鹕	tí hú

nachtegaal (de)	夜莺	yè yīng
zwaluw (de)	燕子	yàn zi
lijster (de)	田鸫	tián dōng
zanglijster (de)	歌鸫	gē jiū
merel (de)	乌鸫	wū dōng

gierzwaluw (de)	雨燕	yǔ yàn
leeuwerik (de)	云雀	yún què
kwartel (de)	鹌鹑	ān chún

specht (de)	啄木鸟	zhuó mù niǎo
koekoek (de)	布谷鸟	bù gǔ niǎo
uil (de)	猫头鹰	māo tóu yīng
oehoe (de)	雕号鸟	diāo hào niǎo
auerhoen (het)	松鸡	sōng jī
korhoen (het)	黑琴鸡	hēi qín jī
patrijs (de)	山鹑	shān chún

spreeuw (de)	椋鸟	liáng niǎo
kanarie (de)	金丝雀	jīn sī què
hazelhoen (het)	花尾秦鸡	huā yǐ qín jī
vink (de)	苍头燕雀	cāng tóu yàn què
goudvink (de)	红腹灰雀	hóng fù huī què

meeuw (de)	海鸥	hǎi ōu
albatros (de)	信天翁	xìn tiān wēng
pinguïn (de)	企鹅	qǐ é

180. Vogels. Zingen en geluiden

| fluiten, zingen (ww) | 唱歌 | chàng gē |
| schreeuwen (dieren, vogels) | 叫喊 | jiào hǎn |

kraaien (ov. een haan)	喔喔啼	wō wō tí
kukeleku	喔喔声	wō wō shēng
klokken (hen)	咯咯叫	luò luò jiào
krassen (kraai)	鸦叫	yā jiào
kwaken (eend)	嘎嘎叫	gā gā jiào
piepen (kuiken)	咬咬叫	zī zī jiào
tjilpen (bijv. een mus)	鸟叫，啾啾叫	niǎo jiào, jiū jiū jiào

181. Vis. Zeedieren

brasem (de)	鳊鱼	biān yú
karper (de)	鲤鱼	lǐyú
baars (de)	鲈鱼	lú yú
meerval (de)	鲶鱼	nián yú
snoek (de)	狗鱼	gǒu yú
zalm (de)	鲑鱼	guī yú
steur (de)	鲟鱼	xú nyú
haring (de)	鲱鱼	fēi yú
atlantische zalm (de)	大西洋鲑	dà xī yáng guī
makreel (de)	鲭鱼	qīng yú
platvis (de)	比目鱼	bǐ mù yú
snoekbaars (de)	白梭吻鲈	bái suō wěn lú
kabeljauw (de)	鳕鱼	xuě yú
tonijn (de)	金枪鱼	jīn qiāng yú
forel (de)	鳟鱼	zūn yú
paling (de)	鳗鱼，鳝鱼	mán yú, shàn yú
sidderrog (de)	电鳐目	diàn yáo mù
murene (de)	海鳝	hǎi shàn
piranha (de)	食人鱼	shí rén yú
haai (de)	鲨鱼	shā yú
dolfijn (de)	海豚	hǎi tún
walvis (de)	鲸	jīng
krab (de)	螃蟹	páng xiè
kwal (de)	海蜇	hǎi zhē
octopus (de)	章鱼	zhāng yú
zeester (de)	海星	hǎi xīng
zee-egel (de)	海胆	hǎi dǎn
zeepaardje (het)	海马	hǎi mǎ
oester (de)	牡蛎	mǔ lì
garnaal (de)	虾，小虾	xiā, xiǎo xiā
kreeft (de)	鳌龙虾	áo lóng xiā
langoest (de)	龙虾科	lóng xiā kē

182. Amfibieën. Reptielen

slang (de)	蛇	shé
giftig (slang)	有毒的	yǒu dú de
adder (de)	蝮蛇	fù shé
cobra (de)	眼镜蛇	yǎn jìng shé
python (de)	蟒蛇	mǎng shé
boa (de)	大蟒蛇	dà mǎng shé
ringslang (de)	水游蛇	shuǐ yóu shé
ratelslang (de)	响尾蛇	xiǎng wěi shé
anaconda (de)	森蚺	sēn rán
hagedis (de)	蜥蜴	xī yì
leguaan (de)	鬣鳞蜥	liè lín xī
varaan (de)	巨蜥	jù xī
salamander (de)	蝾螈	róng yuán
kameleon (de)	变色龙	biàn sè lóng
schorpioen (de)	蝎子	xiē zi
schildpad (de)	龟	guī
kikker (de)	青蛙	qīng wā
pad (de)	蟾蜍	chán chú
krokodil (de)	鳄鱼	è yú

183. Insecten

insect (het)	昆虫	kūn chóng
vlinder (de)	蝴蝶	hú dié
mier (de)	蚂蚁	mǎ yǐ
vlieg (de)	苍蝇	cāng ying
mug (de)	蚊子	wén zi
kever (de)	甲虫	jiǎ chóng
wesp (de)	黄蜂	huáng fēng
bij (de)	蜜蜂	mì fēng
hommel (de)	熊蜂	xióng fēng
horzel (de)	牛虻	niú méng
spin (de)	蜘蛛	zhī zhū
spinnenweb (het)	蜘蛛网	zhī zhū wǎng
libel (de)	蜻蜓	qīng tíng
sprinkhaan (de)	蝗虫	huáng chóng
nachtvlinder (de)	蛾	é
kakkerlak (de)	蟑螂	zhāng láng
mijt (de)	壁虱	bì shī
vlo (de)	跳蚤	tiào zao
kriebelmug (de)	蠓	měng
treksprinkhaan (de)	蝗虫	huáng chóng
slak (de)	蜗牛	wō niú

krekel (de)	蟋蟀	xī shuài
glimworm (de)	萤火虫	yíng huǒ chóng
lieveheersbeestje (het)	瓢虫	piáo chóng
meikever (de)	大傈鳃角金龟	dà lì sāi jiǎo jīn guī

bloedzuiger (de)	水蛭	shuǐ zhì
rups (de)	毛虫	máo chóng
aardworm (de)	虫，蠕虫	chóng, rú chóng
larve (de)	幼虫	yòu chóng

184. Dieren. Lichaamsdelen

snavel (de)	鸟嘴	niǎo zuǐ
vleugels (mv.)	翼，翅膀	yì, chì bǎng
poot (ov. een vogel)	爪	zhuǎ
verenkleed (het)	羽毛	yǔ máo
veer (de)	羽	yǔ
kuifje (het)	鸟冠	niǎo guān

kieuwen (mv.)	鳃	sāi
kuit, dril (de)	卵，卵块	luǎn, luǎn kuài
larve (de)	幼虫	yòu chóng
vin (de)	鳍，鱼翅	qí, yú chì
schubben (mv.)	鳞片	lín piàn

slagtand (de)	犬牙	quǎn yá
poot (bijv. ~ van een kat)	爪，脚掌	zhuǎ, jiǎo zhǎng
muil (de)	口鼻部	kǒu bí bù
bek (mond van dieren)	嘴	zuǐ
staart (de)	尾巴	wěi ba
snorharen (mv.)	胡须	hú xū

| hoef (de) | 蹄 | tí |
| hoorn (de) | 角 | jiǎo |

schild (schildpad, enz.)	背甲	bèi jiǎ
schelp (de)	贝壳	bèi ké
eierschaal (de)	壳	ké

| vacht (de) | 毛 | máo |
| huid (de) | 兽皮 | shòu pí |

185. Dieren. Leefomgevingen

| leefgebied (het) | 生境 | shēng jìng |
| migratie (de) | 迁徙 | qiān xǐ |

berg (de)	山	shān
rif (het)	礁	jiāo
klip (de)	悬崖	xuán yá
bos (het)	森林，树林	sēn lín, shù lín
jungle (de)	热带丛林	rèdài cóng lín

| savanne (de) | 热带草原 | rèdài cǎo yuán |
| toendra (de) | 苔原 | tái yuán |

steppe (de)	草原	cǎo yuán
woestijn (de)	沙漠	shā mò
oase (de)	绿洲	lǜ zhōu

zee (de)	海，大海	hǎi, dà hǎi
meer (het)	湖	hú
oceaan (de)	海洋，大海	hǎi yáng, dà hǎi

moeras (het)	沼泽	zhǎo zé
zoetwater- (abn)	淡水的	dàn shuǐ de
vijver (de)	池塘	chí táng
rivier (de)	河，江	hé, jiāng

berenhol (het)	熊窝	xióng wō
nest (het)	鸟窝	niǎo wō
boom holte (de)	树洞	shù dòng
hol (het)	洞穴，兽穴	dòng xué, shòu xué
mierenhoop (de)	蚁丘	yǐ qiū

Flora

186. Bomen

boom (de)	树，乔木	shù, qiáo mù
loof- (abn)	每年落叶的	měi nián luò yè de
dennen- (abn)	针叶树	zhēn yè shù
groenblijvend (bn)	常绿树	cháng lǜ shù
appelboom (de)	苹果树	píngguǒ shù
perenboom (de)	梨树	lí shù
zoete kers (de)	欧洲甜樱桃树	oūzhōu tián yīngtáo shù
zure kers (de)	樱桃树	yīngtáo shù
pruimelaar (de)	李树	lǐ shù
berk (de)	白桦，桦树	bái huà, huà shù
eik (de)	橡树	xiàng shù
linde (de)	椴树	duàn shù
esp (de)	山杨	shān yáng
esdoorn (de)	枫树	fēng shù
spar (de)	枞树，杉树	cōng shù, shān shù
den (de)	松树	sōng shù
lariks (de)	落叶松	luò yè sōng
zilverspar (de)	冷杉	lěng shān
ceder (de)	雪松	xuě sōng
populier (de)	杨	yáng
lijsterbes (de)	花楸	huā qiū
wilg (de)	柳树	liǔ shù
els (de)	赤杨	chì yáng
beuk (de)	山毛榉	shān máo jǔ
iep (de)	榆树	yú shù
es (de)	白腊树	bái là shù
kastanje (de)	栗树	lì shù
magnolia (de)	木兰	mù lán
palm (de)	棕榈树	zōng lǘ shù
cipres (de)	柏树	bǎi shù
baobab (apenbroodboom)	猴面包树	hóu miàn bāo shù
eucalyptus (de)	桉树	ān shù
mammoetboom (de)	红杉	hóng shān

187. Heesters

struik (de)	灌木	guàn mù
heester (de)	灌木	guàn mù

| wijnstok (de) | 葡萄 | pú tao |
| wijngaard (de) | 葡萄园 | pú táo yuán |

frambozenstruik (de)	悬钩栗	xuán gōu lì
rode bessenstruik (de)	红醋栗	hóng cù lì
kruisbessenstruik (de)	醋栗	cù lì

acacia (de)	金合欢	jīn hé huān
zuurbes (de)	小檗	xiǎo bò
jasmijn (de)	茉莉	mò li

jeneverbes (de)	刺柏	cì bǎi
rozenstruik (de)	玫瑰丛	méi guī cóng
hondsroos (de)	犬蔷薇	quǎn qiáng wēi

188. Champignons

paddenstoel (de)	蘑菇	mógu
eetbare paddenstoel (de)	可食的蘑菇	kěshíde mógu
giftige paddenstoel (de)	毒蘑菇	dú mógu
hoed (de)	蘑菇伞	mógu sǎn
steel (de)	菇脚	gū jiǎo

gewoon eekhoorntjesbrood (het)	美味牛肝菌	měi wèi niú gān jūn
rosse populierenboleet (de)	橙盖牛肝菌	chéng gài niú gān jūn
berkenboleet (de)	褐疣柄牛肝菌	hè yóu bǐng niú gān jūn
cantharel (de)	鸡油菌	jī yóu jūn
russula (de)	红菇	hóng gū

morille (de)	羊肚菌	yáng dǔ jùn
vliegenzwam (de)	蛤蟆菌	há má jùn
groene knolzwam (de)	毒蕈	dú xùn

189. Vruchten. Bessen

appel (de)	苹果	píng guǒ
peer (de)	梨	lí
pruim (de)	李子	lǐ zi

aardbei (de)	草莓	cǎo méi
zure kers (de)	樱桃	yīngtáo
zoete kers (de)	欧洲甜樱桃	oūzhōu tián yīngtáo
druif (de)	葡萄	pú tao

framboos (de)	覆盆子	fù pén zi
zwarte bes (de)	黑醋栗	hēi cù lì
rode bes (de)	红醋栗	hóng cù lì
kruisbes (de)	醋栗	cù lì
veenbes (de)	小红莓	xiǎo hóng méi
sinaasappel (de)	橙子	chén zi
mandarijn (de)	橘子	jú zi

ananas (de)	菠萝	bō luó
banaan (de)	香蕉	xiāng jiāo
dadel (de)	海枣	hǎi zǎo
citroen (de)	柠檬	níng méng
abrikoos (de)	杏子	xìng zi
perzik (de)	桃子	táo zi
kiwi (de)	猕猴桃	mí hóu táo
grapefruit (de)	葡萄柚	pú tao yòu
bes (de)	浆果	jiāng guǒ
bessen (mv.)	浆果	jiāng guǒ
vossenbes (de)	越橘	yuè jú
bosaardbei (de)	草莓	cǎo méi
bosbes (de)	越橘	yuè jú

190. Bloemen. Planten

bloem (de)	花	huā
boeket (het)	花束	huā shù
roos (de)	玫瑰	méi guī
tulp (de)	郁金香	yù jīn xiāng
anjer (de)	康乃馨	kāng nǎi xīn
gladiool (de)	唐菖蒲	táng chāng pú
korenbloem (de)	矢车菊	shǐ chē jú
klokje (het)	风铃草	fēng líng cǎo
paardenbloem (de)	蒲公英	pú gōng yīng
kamille (de)	甘菊	gān jú
aloè (de)	芦荟	lúhuì
cactus (de)	仙人掌	xiān rén zhǎng
ficus (de)	橡胶树	xiàng jiāo shù
lelie (de)	百合花	bǎi hé huā
geranium (de)	天竺葵	tiān zhú kuí
hyacint (de)	风信子	fēng xìn zǐ
mimosa (de)	含羞草	hán xiū cǎo
narcis (de)	水仙	shuǐ xiān
Oostindische kers (de)	旱金莲	hàn jīn lián
orchidee (de)	兰花	lán huā
pioenroos (de)	芍药	sháo yao
viooltje (het)	紫罗兰	zǐ luó lán
driekleurig viooltje (het)	三色堇	sān sè jǐn
vergeet-mij-nietje (het)	勿忘草	wù wàng cǎo
madeliefje (het)	雏菊	chú jú
papaver (de)	罂粟	yīng sù
hennep (de)	大麻	dà má
munt (de)	薄河	bó hé

| lelietje-van-dalen (het) | 铃兰 | líng lán |
| sneeuwklokje (het) | 雪花莲 | xuě huā lián |

brandnetel (de)	荨麻	qián má
veldzuring (de)	酸模	suān mó
waterlelie (de)	睡莲	shuì lián
varen (de)	蕨	jué
korstmos (het)	地衣	dì yī

oranjerie (de)	温室	wēn shì
gazon (het)	草坪	cǎo píng
bloemperk (het)	花坛，花圃	huā tán, huā pǔ

plant (de)	植物	zhí wù
gras (het)	草	cǎo
grasspriet (de)	叶片	yè piàn

blad (het)	叶子	yè zi
bloemblad (het)	花瓣	huā bàn
stengel (de)	茎	jīng
knol (de)	块茎	kuài jīng

| scheut (de) | 芽 | yá |
| doorn (de) | 刺 | cì |

bloeien (ww)	开花	kāi huā
verwelken (ww)	枯萎	kū wěi
geur (de)	香味	xiāng wèi
snijden (bijv. bloemen ~)	切	qiē
plukken (bloemen ~)	采，摘	cǎi, zhāi

191. Granen, graankorrels

graan (het)	谷物	gǔ wù
graangewassen (mv.)	谷类作物	gǔ lèi zuò wù
aar (de)	穗	suì

tarwe (de)	小麦	xiǎo mài
rogge (de)	黑麦	hēi mài
haver (de)	燕麦	yàn mài
gierst (de)	粟，小米	sù, xiǎo mǐ
gerst (de)	大麦	dàmài

maïs (de)	玉米	yù mǐ
rijst (de)	稻米	dào mǐ
boekweit (de)	荞麦	qiáo mài

erwt (de)	豌豆	wān dòu
boon (de)	四季豆	sì jì dòu
soja (de)	黄豆	huáng dòu
linze (de)	兵豆	bīng dòu
bonen (mv.)	豆子	dòu zi

REGIONALE AARDRIJKSKUNDE

Landen. Nationaliteiten

192. Politiek. Overheid. Deel 1

politiek (de)	政治	zhèng zhì
politiek (bn)	政治的	zhèng zhì de
politicus (de)	政治家	zhèng zhì jiā
staat (land)	国家	guó jiā
burger (de)	公民	gōng mín
staatsburgerschap (het)	国籍	guó jí
nationaal wapen (het)	国徽	guó huī
volkslied (het)	国歌	guó gē
regering (de)	政府	zhèng fǔ
staatshoofd (het)	国家元首	guó jiā yuán shǒu
parlement (het)	国会	guó huì
partij (de)	党	dǎng
kapitalisme (het)	资本主义	zīběn zhǔyì
kapitalistisch (bn)	资本主义的	zīběn zhǔyìde
socialisme (het)	社会主义	shèhuì zhǔyì
socialistisch (bn)	社会主义的	shèhuì zhǔyìde
communisme (het)	共产主义	gòngchǎn zhǔyì
communistisch (bn)	共产主义的	gòngchǎn zhǔyì de
communist (de)	共产主义者	gòngchǎn zhǔyì zhě
democratie (de)	民主	mínzhǔ
democraat (de)	民主党人	mínzhǔ dǎng rén
democratisch (bn)	民主的	mínzhǔ de
democratische partij (de)	民主党	mínzhǔ dǎng
liberaal (de)	自由主义者	zìyóu zhǔyì zhě
liberaal (bn)	自由主义的	zìyóu zhǔyì de
conservator (de)	保守的人	bǎoshǒu de rén
conservatief (bn)	保守的	bǎoshǒu de
republiek (de)	共和国	gònghé guó
republikein (de)	共和党人	gònghé dǎng rén
Republikeinse Partij (de)	共和党	gònghé dǎng
verkiezing (de)	选举	xuǎnjǔ
kiezen (ww)	选举	xuǎnjǔ
kiezer (de)	选举人	xuǎnjǔ rén

verkiezingscampagne (de)	选举运动	xuǎnjǔ yùndòng
stemming (de)	投票	tóu piào
stemmen (ww)	投票	tóu piào
stemrecht (het)	投票权	tóupiào quán

kandidaat (de)	候选人	hòuxuǎnrén
zich kandideren	作候选人	zuò hòuxuǎnrén
campagne (de)	运动	yùn dòng

| oppositie- (abn) | 反对党的 | fǎn duì dǎng de |
| oppositie (de) | 反对党 | fǎn duì dǎng |

bezoek (het)	访问	fǎng wèn
officieel bezoek (het)	正式访问	zhèng shì fǎng wèn
internationaal (bn)	国际的	guó jì de

| onderhandelingen (mv.) | 谈判 | tánpàn |
| onderhandelen (ww) | 进行谈判 | jìnxíng tánpàn |

193. Politiek. Overheid. Deel 2

maatschappij (de)	社会	shè huì
grondwet (de)	宪法	xiàn fǎ
macht (politieke ~)	政权	zhèng quán
corruptie (de)	贪污	tān wū

| wet (de) | 法律 | fǎ lǜ |
| wettelijk (bn) | 合法的 | hé fǎ de |

| rechtvaardigheid (de) | 公正 | gōng zhèng |
| rechtvaardig (bn) | 公正的 | gōng zhèng de |

comité (het)	委员会	wěi yuán huì
wetsvoorstel (het)	法案	fǎ àn
begroting (de)	预算	yù suàn
beleid (het)	政策	zhèng cè
hervorming (de)	改革	gǎi gé
radicaal (bn)	激进的	jī jìn de

macht (vermogen)	力，力量	lì, lì liang
machtig (bn)	有权势的	yǒu quán shì de
aanhanger (de)	支持者	zhī chí zhě
invloed (de)	影响	yǐng xiǎng

regime (het)	政权	zhèng quán
conflict (het)	冲突	chōng tū
samenzwering (de)	阴谋	yīn móu
provocatie (de)	挑衅，挑拨	tiǎo xìn, tiǎo bō

omverwerpen (ww)	推翻	tuī fān
omverwerping (de)	推翻	tuī fān
revolutie (de)	革命	gé mìng
staatsgreep (de)	政变	zhèng biàn
militaire coup (de)	军事政变	jūn shì zhèng biàn

crisis (de)	危机	wēi jī
economische recessie (de)	经济衰退	jīng jì shuāi tuì
betoger (de)	示威者	shì wēi zhě
betoging (de)	示威	shì wēi
krijgswet (de)	军方管制	jūn fāng guǎn zhì
militaire basis (de)	军事基地	jūn shì jī dì
stabiliteit (de)	稳定	wěn dìng
stabiel (bn)	稳定的	wěn dìng de
uitbuiting (de)	剥削	bō xuē
uitbuiten (ww)	剥削	bō xuē
racisme (het)	种族主义	zhǒngzú zhǔ yì
racist (de)	种族主义者	zhǒngzú zhǔ yì zhě
fascisme (het)	法西斯主义	fǎxīsī zhǔ yì
fascist (de)	法西斯分子	fǎ xī sī fèn zī

194. Landen. Diversen

vreemdeling (de)	外国人	wài guó rén
buitenlands (bn)	外国的	wài guó de
in het buitenland (bw)	国外	guó wài
emigrant (de)	移民	yí mín
emigratie (de)	迁移出境	qiān yí chū jìng
emigreren (ww)	移居国外	yí jū guó wài
Westen (het)	西方	xī fāng
Oosten (het)	东方	dōng fāng
Verre Oosten (het)	远东	yuǎn dōng
beschaving (de)	文明	wén míng
mensheid (de)	人类	rén lèi
wereld (de)	世界	shì jiè
vrede (de)	和平	hé píng
wereld- (abn)	全世界的	quán shì jiè de
vaderland (het)	祖国	zǔ guó
volk (het)	民族	mín zú
bevolking (de)	人口	rén kǒu
mensen (mv.)	人们	rén men
natie (de)	民族	mín zú
generatie (de)	一代人	yī dài rén
gebied (bijv. bezette ~en)	领土	lǐng tǔ
regio, streek (de)	区域	qū yù
deelstaat (de)	州	zhōu
traditie (de)	传统	chuán tǒng
gewoonte (de)	风俗	fēng sú
ecologie (de)	生态学	shēng tài xué
Indiaan (de)	印第安人	yìndiān rén
zigeuner (de)	吉普赛人	jípǔsài rén

zigeunerin (de)	吉普赛人	jípǔsài rén
zigeuner- (abn)	吉普赛人的	jípǔsài rén de

rijk (het)	帝国	dì guó
kolonie (de)	殖民地	zhí mín dì
slavernij (de)	奴隶制	nú lì zhì
invasie (de)	侵略	qīn lüè
hongersnood (de)	饥荒	jī huāng

195. Grote religieuze groepen. Bekentenissen

religie (de)	宗教	zōng jiào
religieus (bn)	宗教的	zōng jiào de

geloof (het)	信仰	xìn yǎng
geloven (ww)	信教	xìn jiào
gelovige (de)	信徒	xìntú

atheïsme (het)	无神论	wú shén lùn
atheïst (de)	无神论者	wú shén lùn zhě

christendom (het)	基督教	jīdū jiào
christen (de)	基督徒	jīdū tú
christelijk (bn)	基督教的	jīdū jiào de

katholicisme (het)	天主教	tiān zhǔ jiào
katholiek (de)	天主教徒	tiān zhǔ jiào tú
katholiek (bn)	天主教的	tiān zhǔ jiào de

protestantisme (het)	新教	xīn jiào
Protestante Kerk (de)	新教会	xīn jiào huì
protestant (de)	新教徒	xīn jiào tú

orthodoxie (de)	东正教	dōng zhèng jiào
Orthodoxe Kerk (de)	东正教教堂	dōng zhèng jiào jiàotáng
orthodox	东正教的	dōng zhèng jiào de

presbyterianisme (het)	长老会	zhǎng lǎo huì
Presbyteriaanse Kerk (de)	长老会	zhǎng lǎo huì
presbyteriaan (de)	长老会教徒	zhǎng lǎo huì jiàotú

lutheranisme (het)	路德会	lù dé huì
lutheraan (de)	路德会教友	lù dé huì jiào yǒu

baptisme (het)	浸礼会	jìn lǐ huì
baptist (de)	浸礼会教友	jìn lǐ huì jiào yǒu

Anglicaanse Kerk (de)	圣公会	shèng gōng huì
anglicaan (de)	圣公会信徒	shèng gōng huì xìn tú
mormonisme (het)	摩门教	mómén jiào
mormoon (de)	摩门教徒	mómén jiào tú
Jodendom (het)	犹太教	yóu tài jiào
jood (aanhanger van het Jodendom)	犹太教徒	yóu tài jiào tú

| boeddhisme (het) | 佛教 | fójiào |
| boeddhist (de) | 佛教徒 | fójiào tú |

| hindoeïsme (het) | 印度教 | yìndù jiào |
| hindoe (de) | 印度教徒 | yìndù jiào tú |

islam (de)	伊斯兰教	yīsīlán jiào
islamiet (de)	穆斯林	mùsīlín
islamitisch (bn)	穆斯林的	mùsīlín de

sjiisme (het)	什叶派	shíyèpài
sjiiet (de)	什叶派	shíyèpài
soennisme (het)	逊尼派	xùnnípài
soenniet (de)	逊尼派	xùnnípài

196. Religies. Priesters

| priester (de) | 神父 | shén fù |
| paus (de) | 教皇 | jiào huáng |

monnik (de)	僧侣，修道士	sēng lǚ, xiū dào shì
non (de)	修女	xiū nǚ
pastoor (de)	牧师	mù shī

abt (de)	男修道院院长	nán xiūdàoyuàn yuànzhǎng
vicaris (de)	教区牧师	jiào qū mù shī
bisschop (de)	主教	zhǔ jiào
kardinaal (de)	红衣主教	hóng yī zhǔ jiào

predikant (de)	传教士	chuán jiào shì
preek (de)	布道	bù dào
kerkgangers (mv.)	教区居民	jiào qū jū mín

| gelovige (de) | 信徒 | xìntú |
| atheïst (de) | 无神论者 | wú shén lùn zhě |

197. Geloof. Christendom. Islam

| Adam | 亚当 | yà dāng |
| Eva | 夏娃 | xià wá |

God (de)	上帝	shàng dì
Heer (de)	上帝	shàng dì
Almachtige (de)	上帝	shàng dì

zonde (de)	罪	zuì
zondigen (ww)	犯罪	fàn zuì
zondaar (de)	罪人	zuì rén
zondares (de)	罪人	zuì rén

| hel (de) | 地狱 | dì yù |
| paradijs (het) | 天堂 | tiān táng |

Jezus	耶稣	yēsū
Jezus Christus	耶稣基督	yēsū jīdū
Heilige Geest (de)	圣灵	shèng líng
Verlosser (de)	救世主	jiù shì zhǔ
Maagd Maria (de)	圣母	shèng mǔ
duivel (de)	魔鬼	mó guǐ
duivels (bn)	魔鬼的	mó guǐ de
Satan	撒旦	sā dàn
satanisch (bn)	撒旦的	sā dàn de
engel (de)	天使	tiān shǐ
beschermengel (de)	守护天使	shǒu hù tiān shǐ
engelachtig (bn)	天使的	tiān shǐ de
apostel (de)	使徒	shǐ tú
aartsengel (de)	天使长	tiān shǐzhǎng
antichrist (de)	敌基督	dí jī dū
Kerk (de)	教会	jiào huì
bijbel (de)	圣经	shèng jīng
bijbels (bn)	圣经的	shèng jīng de
Oude Testament (het)	旧约全书	jiù yuē quán shū
Nieuwe Testament (het)	新约全书	xīn yuē quán shū
evangelie (het)	福音书	fú yīn shū
Heilige Schrift (de)	圣经	shèng jīng
Hemel, Hemelrijk (de)	天堂	tiān táng
gebod (het)	诫	jiè
profeet (de)	先知	xiān zhī
profetie (de)	预言	yù yán
Allah	真主	zhēnzhǔ
Mohammed	穆罕默德	mùhǎnmòdé
Koran (de)	古兰经	gǔlánjīng
moskee (de)	清真寺	qīng zhēn sì
moellah (de)	毛拉	máo lā
gebed (het)	祈祷文	qí dǎo wén
bidden (ww)	祈祷	qí dǎo
pelgrimstocht (de)	朝圣	cháo shèng
pelgrim (de)	朝圣者	cháo shèng zhě
Mekka	麦加	màijiā
kerk (de)	教会	jiào huì
tempel (de)	庙宇，教堂	miào yǔ, jiào táng
kathedraal (de)	大教堂	dà jiào táng
gotisch (bn)	哥特式的	gē tè shì de
synagoge (de)	犹太教堂	yóu tài jiào táng
moskee (de)	清真寺	qīng zhēn sì
kapel (de)	小教堂	xiǎo jiào táng
abdij (de)	修道院	xiū dào yuàn

nonnenklooster (het)	女修道院	nǚ xiū dào yuàn
mannenklooster (het)	男修道院	nán xiū dào yuàn
klok (de)	钟	zhōng
klokkentoren (de)	钟楼	zhōng lóu
luiden (klokken)	响	xiǎng
kruis (het)	十字架	shí zì jià
koepel (de)	圆顶	yuán dǐng
icoon (de)	圣像	shèng xiàng
ziel (de)	灵魂	líng hún
lot, noodlot (het)	命运	mìng yùn
kwaad (het)	恶	è
goed (het)	美德	měi dé
vampier (de)	吸血鬼	xī xuè guǐ
heks (de)	巫婆	wū pó
demoon (de)	魔鬼	mó guǐ
duivel (de)	魔鬼	mó guǐ
geest (de)	鬼魂，幽灵	guǐ hún, yōu líng
verzoeningsleer (de)	赎罪	shú zuì
vrijkopen (ww)	拯救	zhěng jiù
mis (de)	礼拜	lǐ bài
de mis opdragen	作礼拜	zuò lǐ bài
biecht (de)	忏悔	chàn huǐ
biechten (ww)	忏悔	chàn huǐ
heilige (de)	圣徒	shèng tú
heilig (bn)	神圣的	shén shèng de
wijwater (het)	圣水	shèng shuǐ
ritueel (het)	仪式	yí shì
ritueel (bn)	仪式的	yí shì de
offerande (de)	祭品	jì pǐn
bijgeloof (het)	迷信	mí xìn
bijgelovig (bn)	迷信的	mí xìn de
hiernamaals (het)	来世，来生	lái shì, lái shēng
eeuwige leven (het)	永生	yǒng shēng

DIVERSEN

198. Diverse nuttige woorden

achtergrond (de)	背景	bèi jǐng
balans (de)	平衡	píng héng
basis (de)	基础	jī chǔ
begin (het)	起点	qǐ diǎn
beurt (wie is aan de ~?)	轮到	lún dào
categorie (de)	类别	lèi bié
comfortabel (~ bed, enz.)	舒适的	shū shì de
compensatie (de)	补偿	bǔ cháng
deel (gedeelte)	部分	bù fèn
deeltje (het)	微粒	wēi lì
ding (object, voorwerp)	东西	dōng xi
dringend (bn, urgent)	紧急的	jǐn jí de
dringend (bw, met spoed)	紧急地	jǐn jí de
effect (het)	结果	jié guǒ
eigenschap (kwaliteit)	性质	xìng zhì
einde (het)	终点	zhōng diǎn
element (het)	要素	yào sù
feit (het)	事实	shì shí
fout (de)	错误	cuò wù
geheim (het)	秘密	mì mì
graad (mate)	程度	chéng dù
groei (ontwikkeling)	生长	shēng zhǎng
hindernis (de)	障碍	zhàng ài
hinderpaal (de)	障碍物	zhàng ài wù
hulp (de)	帮助	bāng zhù
ideaal (het)	理想	lǐ xiǎng
inspanning (de)	努力	nǔ lì
keuze (een grote ~)	选择	xuǎn zé
labyrint (het)	迷宫	mí gōng
manier (de)	方法	fāng fǎ
moment (het)	时刻	shí kè
nut (bruikbaarheid)	益处	yì chù
onderscheid (het)	差别	chā bié
ontwikkeling (de)	发展	fā zhǎn
oplossing (de)	解决办法	jiě jué bàn fǎ
origineel (het)	原作	yuán zuò
pauze (de)	停顿	tíng dùn
positie (de)	位置	wèi shi
principe (het)	原则	yuán zé

probleem (het)	问题	wèn tí
proces (het)	过程	guò chéng
reactie (de)	反映	fǎn yìng
reden (om ~ van)	原因	yuán yīn
risico (het)	冒险	mào xiǎn
samenvallen (het)	巧合	qiǎo hé
serie (de)	系列	xì liè
situatie (de)	情况	qíng kuàng
soort (bijv. ~ sport)	种类	zhǒng lèi
standaard (bn)	标准的	biāo zhǔn de
standaard (de)	标准	biāo zhǔn
stijl (de)	风格	fēng gé
stop (korte onderbreking)	停顿	tíng dùn
systeem (het)	系统	xì tǒng
tabel (bijv. ~ van Mendelejev)	表格	biǎo gé
tempo (langzaam ~)	速度	sù dù
term (medische ~en)	术语	shù yǔ
type (soort)	类型	lèi xíng
variant (de)	变体	biàn tǐ
veelvuldig (bn)	频繁的	pín fán de
vergelijking (de)	比较	bǐ jiào
voorbeeld (het goede ~)	例子	lì zi
voortgang (de)	进步	jìn bù
voorwerp (ding)	物体	wù tǐ
vorm (uiterlijke ~)	形状	xíng zhuàng
waarheid (de)	真理	zhēn lǐ
zone (de)	地区	dì qū